생각하는 공부는 다르다

생각하는 공부는 다르다

초판인쇄 · 2026년 1월 12일
초판발행 · 2026년 1월 20일

지은이 · 허 선 ·
발행인 · 조현수
펴낸곳 · 도서출판 프로방스
기 획 · 조용재
마케팅 · 최관호 최문섭

주 소 · 경기도 파주시 광인사길 68 , 201- 4호
전 화 · 031-925-5364, 031-942-5366
팩 스 · 031-942-5368

이메일 · provence70@naver.com
등록번호 · 제2016-000126호
등 록 · 2016년 06월 23일

정가 19,800원
ISBN: 979-11-6480-409-2(13370)

AI와 서·논술형 평가를 대비하는 시대, 창의력을 키우는 공부법

생각하는 공부는 다르다

THINK, NOT MEMORIZE

허 선 지음

프로방스

하루가 다르게, 세상은 빠르게 변하고 있습니다. 여러 기업에서, 더 나아가서는 여러 나라에서 AI 기술력을 갖추기 위해 혈안이 되어 있죠. 변화와 발전의 속도는 점차 빨라지고 있습니다. 전화기가 처음 발명된 1876년부터 100년도 채 지나지 않은 1973년, 휴대전화가 처음으로 세상에 공개되었어요. 약 20년 후인 1992년에는 세계 최초의 스마트폰이 개발되었고, 불과 15년 후인 2007년에 스티브 잡스가 아이폰을 발표하며 스마트폰 혁명이 시작되었어요.

아이폰이 나온 2000년대 후반에서 2010년대 초반까지는 빅데이터, 사물인터넷(IoT), 인공지능(AI) 등이 빠르게 발전했죠. 2010년대 중반부터는 4차 산업혁명이 본격적으로 언급되기 시작했고, 오늘날에는 AI 기술이 엄청난 속도로 발전하고 있어요.

기술이 빠르게 발전함에 따라 시대에서 요구되는 인재상도 계속해서 변하고 있습니다. 컴퓨터가 없던 시대에는 기억력이 좋은 사람이 엄청난 인재로 여겨졌을 거에요. 자신이 읽은 정보가 어떤 책의 어느 부분에 적혀 있는지 정확하고 빠르게 찾을 수 있는 능력만으로도 인정받는 시대였겠죠.

하지만 지금은 다릅니다. 새로운 정보를 기억할 때마다 기존의 정보를 잊어버리는 인간과 달리 컴퓨터는 입력된 정보를 쉽게 기억할 수 있죠. 계산 속도도 인간은 컴퓨터에 비할 바가 아니에요. 심지어 인간은 겨우 3,000원짜리 계산기와 비교해도 계산으로 기계를 이길 수 없어요. 요즘은 공장에서 이루어지는 단순한 반복 작업도, 전화 상담도, 청소와 설거지 같은 집안일까지도 기계가 대신해 줍니다. 더 이상 인간에게는 단순하고 반복적인 작업이 요구되지 않아요.

AI가 인간의 일자리를 빠른 속도로, 엄청난 규모로 대체하고 있는 시대입니다. 이런 시대를 살아가는 인간은 어떤 일자리를 구해야 할까요? 이보다 더한 미래를 살아가야 할 아이들은 과연, 어떤 역량을 길러야 할까요.

미래를 살아가는 데 있어 결국 중요한 것은 바로 생각하는 힘입니다. AI에게 뒤처지지 않기 위해서는 AI보다 인간이 더 잘할 수 있는 분야의 역량을 길러야 해요. 이전까지 중요하게 여겨졌던 암기력, 계산력은 더 이상 큰 의미가 없습니다. 하지만 창의적으로 새로운 무언가를 만들 수 있는 능력은 정말 중요하죠.

　창의적인 인재를 길러내기 위해 교육부는 1990년대부터 줄곧 노력해 왔습니다. 광복 이후, 1960년대부터 1990년대까지 우리나라는 '한강의 기적'이라 불릴 정도로 엄청난 속도의 경제 성장을 이뤄냈어요. 경제 수준은 세계적으로 최상위권이었지만, 당시 교육 현장에서는 지금처럼 '암기 위주의 입시교육'이 꾸준히 문제로 지적되었어요. 그리고 21세기를 바라보는 1990년대 중후반, 정보화 사회와 지식사회를 대비하기 위해 교육부는 수행평가를 도입했습니다. 수행평가는 단편적인 지식암기만 요구하는 교육 현실에서 벗어나, 다양한 평가를 꾀하기 위한 해결책이었어요.

　하지만 수행평가가 도입된 지 약 30년이 지난 오늘날, 우리나라의 학생들은 수행평가 때문에 엄청난 고통을 겪고 있다고 합니다. 미성년자인 고등학생이 많게는 한 학기에 50번에 달하는 수행평가 때문에 잠도 제대로 자지 못한다고 해요. 오죽하면 하루에 6시간이나 자면 사치라는 말까지 나올 정도랍니다.

　학생들이 수행평가에 많은 시간을 쓰는 이유는 현재 우리나라의 대학입시 제도 때문입니다. 대학입시 제도에서는 학생들에게 상당히 많은 것을 요구하고 있어요. 내신성적도 좋아야 하는데 그와 동시에 학교생활기록부 특기사항을 위해 수준 높은 탐구과제도 해내야 하죠. 내신 관리를 잘해서 수시모집에 지원하려고 해도 수능 최저학력기준이 발목을 잡습니다. 거꾸로 수능을 준비해서 정시모집에 지원하려고 해도 학교생활기록부를 무시할 수는 없어요.

고등학교에 다니는 3년 동안 내신성적과 학교생활기록부, 수능이라는 세 마리의 토끼를 모두 잡기는 정말 힘들죠. 이 때문에 매년 더 많은 학생이 학교를 떠나고 있습니다. 이들은 빠른 자퇴를 선택하고, 검정고시로 고등학교 졸업 학력을 취득해 수능에 응시하죠. 학부모들 사이에서는 "대한민국 교육의 유일한 희망은 자퇴다."라는 말이 나올 정도에요. 하지만 수능은 사교육의 영향을 상당히 많이 받고, N 수생들의 비중도 점점 늘어나고 있어요.

이런 교육 현실의 여러 문제점을 해결하고자, 교육부가 내놓은 대책은 바로 서·논술형 평가의 확대입니다. 이미 2028학년도 대학입시 제도까지 내신성적에서 서·논술형 평가를 확대하겠다고 발표됐어요. 각 시·도교육청에서는 이를 위해 2025학년도부터 서·논술형 평가를 강조하고 있습니다. 서·논술형 평가에서는 단기간에 높은 점수를 받기 어려워요. 그 덕분에 사교육의 영향도 덜하겠지만, 그만큼 학생들의 부담은 커질 수 있습니다.

서·논술형 평가는 다섯 개의 보기 중에서 가장 정답으로 보이는 한 가지를 택하는 시험과는 확연히 달라요. 문제에서 요구되는 답을 스스로 찾고, 다양한 지식을 바탕으로 자신의 사고력을 드러내야 합니다. 이 평가 방법을 통해 학생들은 더욱 깊게 생각하고, 보다 효과적으로 생각을 표현하는 힘을 기를 수 있어요.

　하지만 서·논술형 평가는 미리 준비하지 않으면 늦습니다. 서·논술형 평가에서 결국 중요한 것은 문해력과 창의력이에요. '외우는 공부'로는 이 두 가지를 기르기 어렵습니다. 문해력과 창의력을 기르기 위해서는 '생각하는 공부'를 해야 해요. '일찍 일어나는 새가 벌레를 잡는다.'는 속담처럼, 지금의 현실에서 필요한 공부 방법을 남들보다 일찍 깨닫는 것은 커다란 힘이 될 겁니다. 당장에는 대학입시에, 그 너머에는 학생들이 어른이 될 미래에 큰 도움이 될 거에요. 대학입시를 준비할 때는 다른 학생에게, 사회에 나가서는 AI에게 뒤처지지 않기 위해, 생각하는 힘이 절실하게 필요한 시대입니다.

허 선

목 차

목 차

생각하지 않는 공부에서 벗어나기

1장

가만히만 있어도 자극이 쏟아진다.

― 오징어 게임의 전통 놀이 | 아이들의 창의력과 사고력

넷플릭스(NETFLIX) 드라마 '오징어 게임'이 2025년 6월, 시즌 3로 막을 내렸어요. 2021년에 등장했던 오징어 게임이 전 세계에서 일으켰던 신드롬은 엄청났죠. 오징어 게임은 콘텐츠 자체의 성공으로만 끝난 게 아니라 아이들의 놀이 문화에도 큰 영향을 미쳤어요.

특히 '무궁화 꽃이 피었습니다' 놀이는 해외에서 'Red Light, Green Light'라고 번역되며 틱톡(TikTok) 챌린지로도 유행했어요. 틱톡에는 오징어 게임 관련 '밈(meme)'이 수천 개나 있을 정

로블록스(Roblox)의 오징어 게임을 소재로 한 비디오게임
[출처 | Swinburne University of Technology (2021.10.13.)]

도에요. 12세 미만인 아이가 대상인 유튜브 키즈(YouTube Kids)
에서도 오징어 게임을 소재로 한 비디오게임이 많이 있어요.
로블록스(Roblox)에는 무려 수백 개나 있을 정도입니다.[1]

문제는 아이들이 오징어 게임에 나오는 폭력성까지 모방하
면서 놀기도 했다는 점이에요. 호주에서는 오징어 게임의 기
준연령이 만 15세 이상인데도 6세 아이들까지 모방하면서 실
제 놀이로 따라 하기도 했답니다.[2] 영국 남부 지역과 호주 시
드니 등의 학교에서는 학부모에게 자녀들이 드라마의 폭력적
인 장면을 따라 한다는 메일을 보내기도 했대요. 미국, 호주,
벨기에, 영국 등의 일부 나라에서는 아이들이 오징어 게임을
시청하지 못하도록 권고했다고 합니다. 벨기에의 한 초등학교
에서는 오징어 게임을 모방한 게임을 하며 패자를 실제로 구
타하는 사건도 벌어졌어요.

오징어 게임을 모방한 아이들의 폭력적인 게임 [출처 | Jeremy (2021.11.4.)]

오징어 게임에 나오는 놀이는 특별한 기술을 활용한 것도 아니고, 우리나라에서 전통적으로 어린이들이 즐겨 하던 놀이였죠. 심지어 규칙이 단순하기까지 합니다. 이런 놀이를 하는 오징어 게임은 왜 그렇게 자극적으로 여겨지는 걸까요? 자본주의와 불평등, 폭력성과 잔혹성을 바탕으로 오징어 게임이 자극적인 이유를 구체적으로 분석한 연구가 있는데요. 이 논문에서 오징어 게임이 자극적인 이유는 참가자들이 하는 놀이 때문이 아니라고 설명해요.[3]

'오징어 게임'의 관리자와 참가자 [출처 | NETFLIX]

자극적인 것은 바로 참가자들이 총에 사살되는 장면, 사회적 약자들이 죽음을 무릅쓰고 게임에 참여해 점차 도덕성을 상실하며 폭력적으로 변해가는 장면들이에요. 돈이 많은 자는 게임을 만들어 VIP 룸에서 즐기고, 가난한 자는 죽음으로써 그들을 만족시키는 불편한 구조도 한몫하죠. 승자인 주인공조차 극심한 허무와 상실감 속에서 무기력하게 살아가는 장면은 자본주의의 본질을 나타낸다고 해요. 오징어 게임의 놀이가 갖는 즐거움과 창의성, 교육적 의미는 이 안에서 완전히 사라져요. 놀이는 공포와 살인, 경쟁과 지배의 장치로만 이루어진다고 합니다. 이 자극적인 요소들은 오징어 게임의 엄청난 인기에 많은 영향을 미쳤을 거에요.

이번에는 오징어 게임에서 아까의 자극적인 부분을 뺀 놀이 자체만 살펴볼게요. 기존의 놀이가 가졌다는 즐거움과 창의성, 교육적 의미에 관하여 분석한 기사나 연구 보고서가 여럿 있는데요. 특히 세계은행(World Bank)에서는 딱지, 달고나 등 우리나라의 전통 놀이가 사회적 상호작용과 더불어 창의성, 집중력 등을 키워준다고 분석했어요.[4] 현대의 전자 기술을 기반으로 한 놀이와 비교해 아날로그인 전통 놀이가 직관적이면서 협력적인 학습 도구의 역할을 할 수 있다고 강조하기도 했죠.

가장 먼저 나오는 딱지치기 놀이에서는 상대방의 딱지를 어떤 각도와 방향에서 쳐야 효과적일지 고려해야 하는데요. 이 과정에서 공간추론 능력과 힘을 조절하는 전략이 필요하다고 합니다. 또한, 경쟁과 더불어 규칙 준수, 승패 수용, 딱지 교환 등의 사회적 상호작용이 일어나기도 하고요.

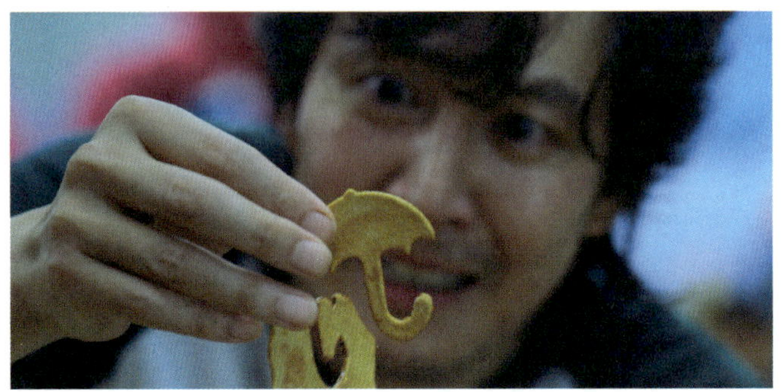

'오징어게임'의 달고나 뽑기 게임 [출처 | NETFLIX]

　달고나 뽑기에서는 얇고 부서지기 쉬운 설탕 판에서 주어진 모양을 분리하는 데 섬세한 주의 집중력이 필요하다고 합니다. 오징어 게임에 달고나 뽑기를 이용한 게임이 나왔을 때도 참가자들은 바늘, 침, 라이터 등의 도구로 다양한 전략을 사용했죠. 자신에게 어떤 방식이 효율적인지 스스로 선택하는 점 또한 교육적이라고 해요. 달고나 뽑기는 특히 다른 게임에 비해 놀이의 형식 자체가 참가자의 몰입을 상당히 유도한다는 점도 중요한 부분입니다.

　오징어 게임에는 그 외에도 줄다리기, 구슬치기, 공기놀이, 비석 치기, 제기차기, 둥글게 둥글게, 숨바꼭질, 줄넘기 등의 여러 전통 놀이가 나와요. 이 놀이들의 공통점은 특별히 구하기 어려운 도구가 필요하지 않는단 점이죠. 물론 달고나 뽑기나 구슬, 공기, 제기 등의 경우는 재료가 필요하겠지만, 이 재료에 특별한 기술이 필요한 건 전혀 아니에요.

비석 치기는 주위에 떨어져 있는 돌만으로 할 수 있고, 줄다리기와 줄넘기는 긴 줄만 있으면 됩니다. 게다가 둥글게 둥글게 와 숨바꼭질은 아무런 재료 없이도 놀이할 수 있죠. 과거의 놀이는 모두 이렇게 주위에서 흔히 볼 수 있는 물건을 이용해서 이루어졌어요. 특별한 기능이 없는 소재로 어떻게 재미있게 놀지 궁리하는 과정에서 창의성이 발달합니다. 놀이의 규칙을 서로 잘 지키는 과정에서 사회적 상호작용을 배우고, 이기기 위한 전략을 세우기 마련이죠.

어린이 교육에 관심이 많았던 헝가리 출신의 수학자 딘즈 (Zoltán Pál Dienes)는 놀이의 중요성을 강조했는데요.[5] 특히 너무 많은 것을 아이에게 제공해주기보다는 스스로 탐구할 수 있는 놀이 상황이 중요하다고 했습니다. 그는 수학 학습의 과정이 놀이로부터 출발한다며 수학 개념 학습의 6단계 과정을 제시하기도 했어요. 딘즈가 제시한 학습 과정의 6단계는 차례대로 자유 놀이, 게임, 공통성 탐구, 표현, 기호화, 형식화를 거쳐요.

그중 첫 번째인 자유 놀이 단계는 아이가 아무런 규칙 없이 장난감을 갖고 혼자 노는 단계에요. 아이는 놀다가 네모, 세모와는 다른 동그라미를 인지하거나 개수의 의미를 파악하게 됩니다. 그러다 점차 규칙성이 있다는 느낌을 가지면서 게임 단계를 맞이해요. 아무런 규칙이 없던 놀이에 규칙이 생겨나며 비로소 게임이 되는 거죠. 다른 도형과 달리 원은 각이 없다거나, 삼각형은 변과 각이 각각 세 개씩 있다거나 하는 규칙을 발견해나가요. 이윽고 여러 대상에 공통으로 들어있는 특정한 개념의 수학적 구조를 발견하는 게 공통성 탐구 단계입니다. 가령, 세모 모양의 장난감을 갖고 놀던 아이가 삼각형의 개념을 발견하는 거죠. 어느 정도 개념을 파악하고 나면 자신의 언어로 이를 나타내는데, 이게 표현 단계입니다. 좀 더 발전하면 자신만의 표현 수단을 찾는 기호화 단계와 개념을 형식적으로 학습하는 형식화 단계에 이르죠. 이렇게 스스로 개념을 형성하기 위한 충분한 시간을 가지며 아이는 개념을 학습하는 동시에 생각하는 힘을 기를 수 있습니다.

자극적인 장난감과 영상으로부터 아이들은 생각해야 할 필요를 느끼지 못해요. 아이들의 창의성과 사고력을 길러주기 위해서는 약간의 결핍과 이를 극복하기 위해 스스로 생각하고 표현할 수 있는 시간이 필요합니다.

— 전자 기능이 있는 국민장난감 | 아이에게는 과도한 자극

날이 갈수록 육아할 때 없어선 안 된다는 필수 육아템(육아 아이템), 국민장난감이 부쩍 많아지고 있어요. 이 장난감들은 형형색색이거나 소리가 나고, 불이 들어오는 등 아이에게 꽤 자극적입니다. 아이들의 정신을 쏙 빼놓다 보니 육아에 지친 부모님들께 한 줄기 빛이 되어서 필수 육아템이라고도 불리죠.

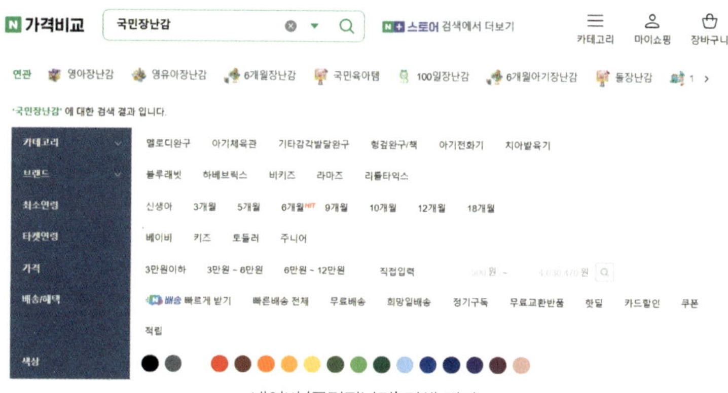

네이버 '국민장난감' 검색 결과

한 글로벌 시장조사업체*에 따르면, 2024년 우리나라 장난감 시장 규모는 무려 약 30억 원에 달했다고 합니다.[6] 게다가 2025년부터 2033년까지의 연평균 성장률은 4.1%로 예측됐어요. 특히 그중에서도 AR, AI 등의 기술을 기반으로 만들

---

* The International Market Analysis Research and Consulting Group (IMARC)

어진 장난감 수요가 점차 증가하고 있다고 해요. 부모로서는 일찍부터 여러 기술을 탑재한 장난감을 가지고 놀면 기술에 대한 친밀도도 높아질 거라는 기대를 하기도 할 텐데요. 과연 이런 장난감들을 어릴 때부터 가지고 노는 게 아이가 크는 데 진짜로 도움이 될까요?

한 연구 결과에서는 장난감이 너무 많으면 오히려 집중력과 창의력이 낮아질 수 있다고 해요.[7] 이 연구는 18~30개월 아동 36명을 대상으로 이루어졌는데요. 장난감을 각각 4개, 16개씩 주고 10분간 자유로이 놀게 한 후 놀이의 질을 비교했어요. 그 결과, 장난감 개수가 적을 때 놀이 지속시간도 길고 창의적인 놀이 방식도 다양해졌다고 합니다. 이는 사실 당연해 보이는데, 장난감이 적으면 갖고 놀 방법을 고민하게 되기 때문이겠죠. 거꾸로, 장난감이 많으면 그만큼 아동은 생각할 필요를 느끼지 못한다는 점을 시사합니다.

이번에는 장난감의 기능을 비교해 볼게요. 전자 기능이 있는 장난감과 그렇지 않은 장난감을 비교한 연구 결과입니다.[8] 연구는 2~5세 아기와 부모 28쌍을 대상으로 이루어졌는데요. 14명은 자폐 스펙트럼 장애 아이였고, 나머지 14명은 일반 발달(비장애) 아이였어요. 전자 장난감 세트와 전자 기능이 없는 전통적인 장난감 세트를 각각 10분씩 가지고 놀도록 했는데요. 두 그룹 모두 전자 장난감으로 놀 때의 발화량과 어휘 다양성이 전통적인 장난감으로 놀 때와 비교하면 현저히 낮았어요. 즉, 전자 기능이 있는 장난감은 부모와 아이 간의 상호작용을 줄이고, 아이의 발달도 지연시킨다는 거죠.

전자 장난감과 전통적인 장난감 비교 자료 [출처 | Courtney E. Venker et al. (2022)]

장난감이 많다고 해서 마냥 좋은 것만도 아닌데, 특히 전자 기능이 있는 장난감은 아기에게 부정적인 영향마저 미칠 수 있다는 점은 다소 충격적이에요. 하지만 이 사실을 안다고 해도, 부모님들이 아기에게 장난감을 줄 수밖에 없는 상황은 종종 생겨나죠.

'노키즈존(No Kids Zone)'은 2014년, 우리나라에 처음 생겨난 이후로 점차 많이 늘어났어요. 노키즈존 지도를 공유하는 한 웹페이지*에 따르면 2023년 4월 기준, 국내 459개 이상의 노

* https ||/sites.google.com/view/yesnokids

키즈존 매장이 있었다고 합니다. '방해받고 싶지 않다'거나 '차별이다' 등의 이유로 노키즈존은 그 존재 자체만으로도 논란이 되어 왔는데요.

노키즈존 지도(2023년 4월 12일 기준) [출처 | https l//sites.google.com/view/yesnokids]

　한국리서치가 2025년에 성인 1,000명을 대상으로 한 여론 조사 결과, 전체 응답자의 약 60~70%가 노키즈존의 필요성에 동의한다고 응답했어요.[9] 이는 이전의 2021년, 2023년 조사에서도 유사하게 나타난 바 있는데요. 구체적인 이유로는 '노키즈존 지정은 영업의 자유에 해당'(70%), '조용하고 편안한 시간을 보내려는 다른 손님에 대한 배려'(69%), '매장 환경이나 분위기 개선'(69%), '매장 내 시설물 손상 방지'(65%) 등이 많이 나왔어요. 특히 노키즈존의 필요를 느끼는 응답자의 80%는 '자녀를 돌보지 않는 일부 부모들 때문에 필요하다.'고 답하기도 했습니다.

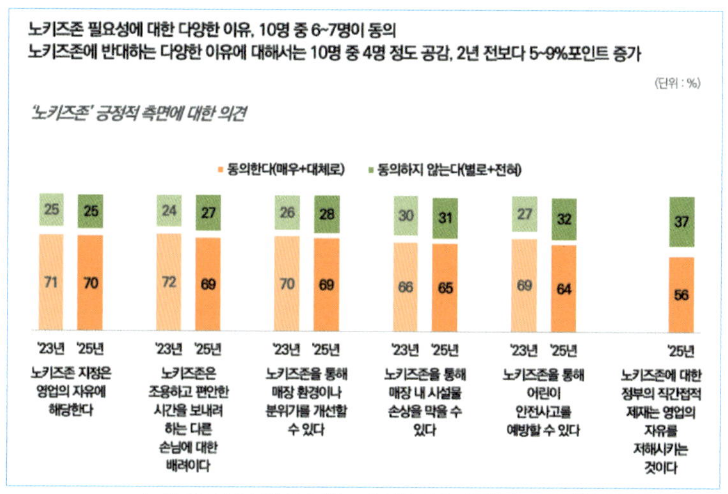

노키즈존 필요성에 동의하는 이유 [출처 | 이동한 (2025.4.1.)]

부모님들은 식당을 포함한 공공장소에서 아이가 다른 사람들에게 피해를 주지 않게 하려고 걱정과 고민이 많아지는데요. 집에서는 의도적으로 자극적인 장난감을 주지 않는다고 해도, 외출할 때까지 그러기는 쉽지 않죠. 모처럼 가족끼리 외식을 하려고 식당에 갔는데 아이가 큰 소리로 울기 시작하고, 한참 동안 울음을 그치지 않는다면 정말 당혹스럽잖아요.

평소에 아이가 받는 자극이 걱정되어 스마트폰과 TV를 멀리하게 하는 부모님들도 외출할 때만큼은 어느 정도 허용해주는 경우가 많죠. 사실 이건 부모님의 어쩔 수 없는 선택이라기보다, 낯선 환경에 어려워하는 아이에게도 도움이 될 수 있어요. 아이마다 기질과 성향이 다른데, 낯선 장소와 분위기를 유난히 무섭거나 불편하게 느끼는 아이도 분명 있거든요.

하지만 자극적인 장난감은 아이들에게 있어 자극적인 음식처럼 중독성이 강해요. 많은 부모님은 아이가 초콜릿이나 아이스크림 같은 자극적인 맛을 멀리하길 바라죠. 자극적인 음식에 빠지면 너무 이르게 다른 음식의 맛을 덜 느끼거나 만족하지 못할까 걱정되기 때문일 텐데요. 그래서 부모님들은 최대한 그 시기를 늦추고 싶어 하는 경우가 많아요. 자극적인 맛은 자꾸 찾게 되고, 다른 자극에 둔감하게 만든다는 사실을 너무 잘 알기 때문이겠죠. 자극적인 장난감도 마찬가지입니다. 외출할 때마다 자꾸 갖고 놀다 보면 다른 장난감을 시시하게 여기게 될 수도 있어요.

어릴 때부터 자극적인 장난감을 너무 자꾸 주는 것은 좋지 않아요. 그보다는 밋밋해 보이더라도 간단한 장난감을 가지고 놀도록 하는 게 아이의 발달에 유익합니다. 별 기능이 없는 장난감을 갖고 놀면 아이가 싫증 내지 않도록 부모님도 여러 생각을 해야 할 수도 있어요. 이른 육퇴(육아퇴근)를 꿈꾸는 지친 부모님은 물론 힘들 수 있겠지만, 아이는 항상 부모의 모습을 보고 배웁니다. 장난감을 어떻게 갖고 놀지 함께 궁리하면서 소통하는 게 발달에 좋은 영향을 줄 수 있어요.

— 바야흐로 숏폼 영상의 시대 | 주의력과 학업성취 감소

바야흐로 숏폼(Short-form)의 시대라고 할 수 있는 요즘입니다. 숏폼은 2010년대 후반에 생겨난 이후로 점차 인기가 많아지더니 2020년대 들어서는 주요 서비스가 될 정도로 성장했어요. 숏폼 영상은 길이가 짧고 스마트폰으로 보기 좋게 세로로 되어 있다는 특징이 있는데요. 현재는 챌린지 영상이나 웹예능, 스케치 코미디에 이어 영화나 드라마 요약본까지도 숏폼으로 나오고 있죠.

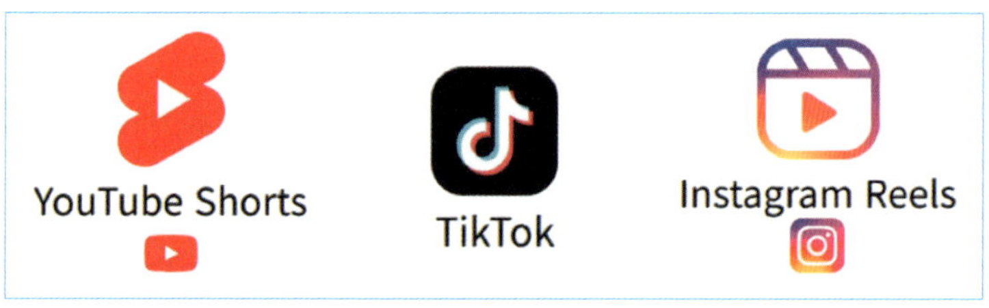

대표적인 숏폼 플랫폼(유튜브 쇼츠, 틱톡, 인스타그램 릴스)

디지털 마케팅 정보를 제공하는 한 웹사이트에 따르면, 2025년 상반기 인터넷 트래픽(Internet Traffic)*의 약 82%가 영상 콘텐츠로 예상되었어요.[0] 게다가 소비되는 영상의 75% 이상이 모바일에서 재생되었고, 영상 시청 시간은 연간 19%씩 늘어나고 있어요. 영상 소비량도 그에 따라 엄청난 속도로 늘어나고 있는데, 특히 숏폼 영상의 경우 소비량이 무려 75%나 늘

---

* 인터넷 네트워크상에서 송수신되는 데이터의 전송량

었다고 합니다.

숏폼 영상의 인기가 나날이 늘고 있는 이유는 역시 수요가 많기 때문인데요. 한 콘텐츠 크리에이터 팀에서 조사한 바에 따르면 전 세계 인터넷 사용자의 91.8%가 매주 디지털 영상을 시청한대요. 게다가 하루 평균 영상 시청 시간은 꾸준하게 점점 늘어나고 있어요. 2025년 미국에서는 인터넷 사용자들의 영상 시청 시간이 하루 평균 4시간으로 전망된다고 합니다. 이건 기존의 TV 시청 시간도 훨씬 넘어선 수치죠.

주목할 만한 점은 전체 영상 시청의 약 75%가 모바일 기기에서 이루어진다는 거에요. 언제나 휴대하고 다니는 스마트폰을 쉽게 이용할 수 있도록 한 전략이 잘 먹혀들었다고 볼 수 있죠. 심지어 83%의 마케터는 여러 매체 중에서도 1분 이하 영상의 소비자 응답률이 가장 높다고 응답했어요. 인터넷으로 물건을 구매하는 사람들의 37%는 제품을 숏폼 콘텐츠로 접하는 것을 선호한다고 답했고요. 숏폼 플랫폼은 단순한 흥미 소재를 넘어서 브랜드의 주요 마케팅 경로로도 부상하고 있습니다.

문제는 이 자극적인 숏폼 영상이 시청자들에게 악영향을 미칠 수 있다는 거에요. 한 연구에 따르면 숏폼 영상이 기억력 기반의 행동 수행능력을 저하할 수 있다고 해요.[11] 이 연구에서는 19~34세의 참가자 60명을 무작위로 휴식, 트위터(Twitter) 사용, 유튜브(YouTube) 사용, 숏폼 영상인 틱톡(TikTok) 사용의 네

그룹으로 나눴어요. 사전 과제를 수행하고 나서, 해당 미디어를 각각 사용한 후의 과제 수행 정도를 관찰했는데요. 틱톡으로 숏폼 영상을 시청한 그룹만 수행의 정확도와 반응속도, 기억력 기반의 추론 정도 등의 능력을 나타내는 수치가 현저히 줄어들었다고 합니다.

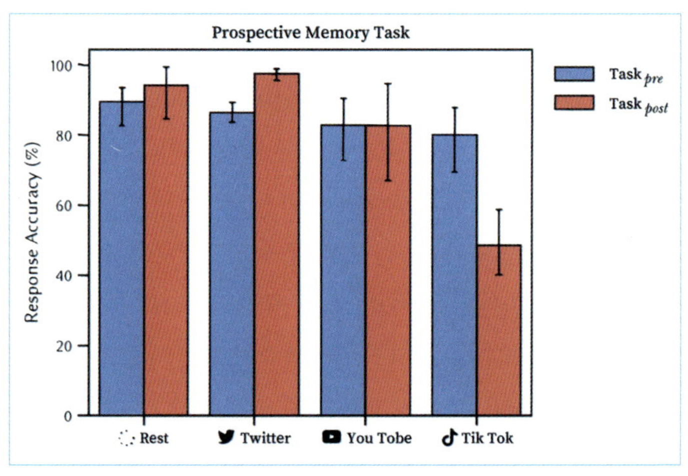

기억력 기반 수행능력 측정결과 [출처 | Francesco Chiossi et al. (2023)]

아이가 숏폼 영상을 많이 시청하면 그만큼 독서를 덜 하게 되고, 긴 문장을 읽기 어려워하게 될까 싶은 걱정도 될 텐데요. 이와 관련해서 1990~2010년 출생의 Z세대를 대상으로 한 2차 연구가 있어요.[12] Z세대는 숏폼 영상을 가장 많이 소비하는 세대 중 하나에요. 숏폼 영상에 반복적으로 노출된 Z세대는 긴 문장을 읽을 때 집중력이 현저히 저하되는 공통적인 경향을 보였다고 합니다. 뿐만 아니라 오디오북 같은 청취 위주의 콘텐츠를 접할 때도 주의 집중하는 지속시간이 줄어들었어요. 자연스럽게 복잡한 문장 구조나 추론형 독해에 취약하다는 결과가 나타났고요. 연속적인 내용을 학습하기보다는 단편적인 정보 습득에 익숙한 모습을 보였어요. 심지어 영상이 끝날 때마다 금방 다른 영상을 찾는 습관으로 인해 주의 전환이 빨라져, 깊이 있는 몰입을 어려워했습니다.

숏폼 영상이 시청자의 역량에 이 정도로 악영향을 미친다면 학업 성취 결과도 분명 좋지 않겠죠. 이번에는 초등학생 1,052명을 대상으로 한 연구 결과를 살펴볼게요.[13] 연구에서는 중국 선전(Shenzhen) 지역 초등학생들을 대상으로 설문 조사를 하고 학업성적과 비교하며 분석했는데요. 숏폼 영상을 시청한 시간이 많은 학생의 학업 성취도가 유의하게 낮았다고 합니다. 숏폼 영상과 학업 성취도 사이의 매개변수를 찾기도 했는데요. 바로 숏폼 영상을 시청하는 시간이 많을수록 주의력이 감소하면서 자연스럽게 학업 성취도가 낮아졌다는 해석이었습니다.

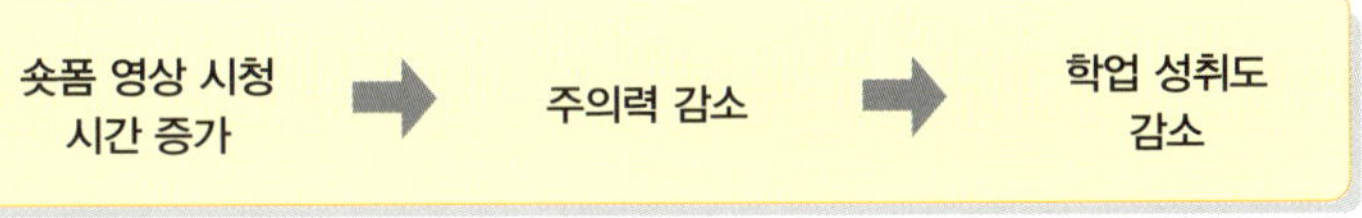

이번에는 숏폼 영상 시청으로 인한 주의력 감소는 어릴 때

만 해당하는 것인지도 살펴볼게요. 유럽 코소보(Kosovo)라는 나라의 UBT* 소속 대학생을 대상으로 150명을 편의 표집으로 조사해서 수행한 연구에요.[14] 숏폼 영상 어플을 사용한 시간과 주의력, 학업 성취도(GPA) 등의 정보를 수집해서 분석했는데요. Pearson 상관분석 결과 숏폼 영상을 시청한 시간이 많은 학생과 주의력이 낮은 학생 간에 유의미한 상관관계가 있었다고 합니다. 마찬가지로 숏폼 영상 시청 시간이 많은 학생과 학업 성취도가 낮은 학생 간에도 유의미한 상관관계가 있었고요. 이 연구에서 인과관계까지 밝혀내진 않았지만, 이전 연구와 비교해 보면 충분히 그 인과관계가 예상되죠. 이 연구는 대학생을 대상으로 숏폼 영상을 많이 시청하면 집중력이 저하되어 학업 성취도가 낮아질 것으로 보인다는 구조를 통계적으로 제시한 최초의 논문으로 중요하게 여겨집니다.

여러 연구 결과를 통해 숏폼 영상을 많이 시청할수록 주의력이 줄어들 수 있다는 것은 기정사실로 보입니다. 숏폼 영상을 시청하다 보면 짧은 길이의 영상을 보고 다음 영상으로 넘어가는 습관이 생기기 쉬운데요. 이 때문에 주의 집중하는 지속시간이 줄어들 수 있다는 점은 상식적으로도 충분히 추론할 수 있는 부분이에요.

---

* University for Business and Technology

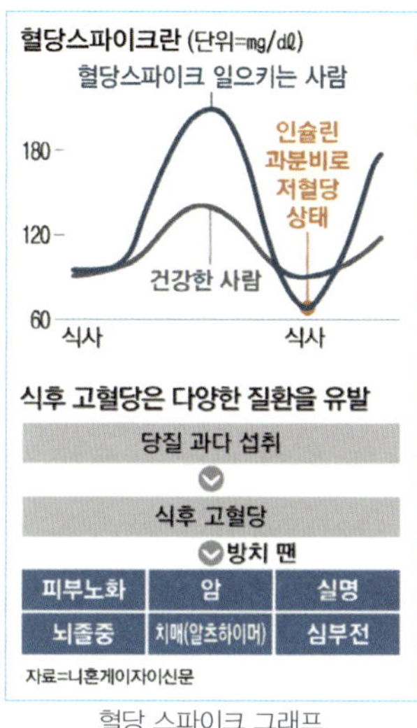

혈당 스파이크 그래프
[출처 | 이병문 (2023.9.5.)]

요즘에는 도파민, 혈당 스파이크 등 자극과 관련 있는 단어가 여러 매체에서 흔히 보입니다.[15] 이들과 숏폼 영상 간의 상관관계를 연구한 결과는 아직 나타나지 않았지만, 이 또한 숏폼 영상의 영향을 무시할 수는 없을 거에요. 숏폼 영상을 많이 시청할수록 주의력이 줄어드는데, 그 여파로 산만해지고 자극에 둔해진다는 연구 결과는 꽤 많거든요. 자극에 익숙해진 사람들이 더한 자극을 찾게 되는 건 어찌 보면 자연스러운 순서죠. 문제는 자극에 둔감해진 사람들이 더한 자극을 찾으며 일부러 혈당 스파이크를 일으키려고 고혈당의 음식을 빠르게 섭취하는 경향이 많아졌다는 점이에요.

실제로 2023~2024년에는 탕후루부터 약과나 마카롱, 와플 등 설탕을 많이 뿌려서 강한 단맛을 내는 간식이 인기가 많았죠. 하지만 혈당 스파이크로 고혈당을 일으키면 당연히 여러 질환을 유발할 수 있어요. 급격히 올라간 혈당을 낮추려고 인슐린 호르몬이 과도하게 분비되다 보면 두통이나 만성 피로 등을 느끼게 되기도 해요. 혈당 변동 폭이 크면 사망 위험까지

커질 수 있다는 논문도 있습니다. 설탕을 많이 섭취한 아이들은 성인기에 비만, 과잉행동 장애(ADHD), 인지장애 등의 위험에 더 많이 노출되기도 해요.[16]

담배나 도박, 혹은 마약에 중독되는 사람들이 금방 자극에 무뎌져서 더 강한 자극을 찾게 된다는 점은 너무 잘 알려져 있죠. 어릴 때부터 숏폼 영상을 많이 보게 된다면 지금까지 살펴본 것처럼 주의력이 줄어들고 학업 성취도까지도 감소할 수 있어요. 하지만 거기서 그치지 않고, 자극 자체에 무뎌지면 문제는 더욱 심각해질 수 있어요. 스스로 생각하는 힘을 기르기 위해서는 먼저 이런 자극부터 줄여나가는 것이 좋습니다.

2010년대부터 종종 보였던 '4차 산업혁명'이라는 단어는 언젠가부터 잘 보이지 않죠. 현재는 4차 산업혁명으로 맞닥뜨린 디지털 시대를 지나 어느덧 AI 시대에 이르렀어요. 지금까지도 시대는 빠르게 변해왔지만, 앞으로 아이들이 살아갈 미래는 더더욱 빠른 속도로 변해나갈 거에요.

OECD*에서는 2019년, 2030 미래 교육의 핵심 키워드를 몇 가지 제시했어요. 특히 그중에서도 학생이 자신의 삶을 주체적으로 이끌어가는 능력인 주도성(Agency)을 가장 강조했습니다.[17]

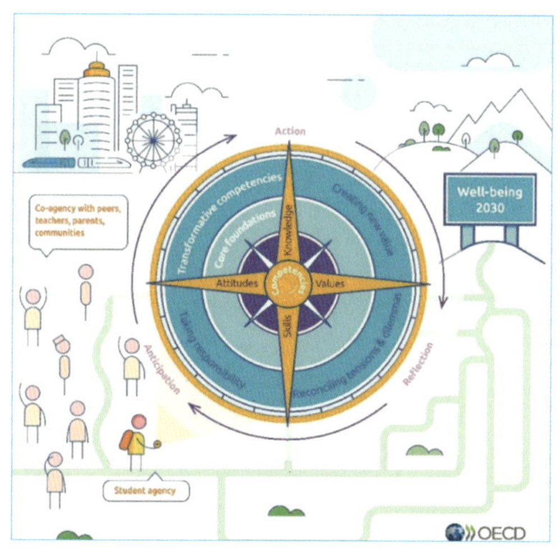

2030 미래교육 컴퍼스 [출처 | OECD (2019)]

---

* Organization for Economic Cooperation and Development

그 외에 미래에 필요한 역량을 이루는 세 가지 요소로 지식과 기술, 태도와 가치를 들었어요. 사회의 지속 가능성과 공동체 회복에 기여하는 변혁적 역량의 중요성도 시사했어요. 공동체와의 상호작용 속에서 형성되는 공동 주도성(Co-agency) 함양과 더불어, 지속 가능한 행복을 강조했죠.

주도성이 강조되는 국제적 상황에서 교육부는 2022년, 새로운 교육과정을 고시했어요. 바로 2025학년도 입학생부터 적용되는 「2022 개정 교육과정」입니다.[18] 교육과정을 개정할 필요성으로는 인공지능 기술의 발전과 사회의 복잡성, 다양성 확대 등을 들었어요. 교육과정의 변화를 요구하는 주요 배경의 첫 번째로는 아래의 문장이 나왔어요. 여러 외부적 요인들로 인하여 미래 사회의 불확실성이 계속해서 증가하고 있는 상황이란 거죠.

> 첫째, 인공지능 기술 발전에 따른 디지털 전환, 감염병 대유행 및 기후·생태환경 변화, 인구 구조 변화 등에 의해 사회의 불확실성이 증가하고 있다.

이를 포함한 여러 가지 사회적인 상황 속에서, 학생들을 미래 사회가 요구하는 인재로 성장시키기 위한 중점 사항이 잇달아 나와요. 2022 개정 교육과정에서는 학생을 '미래 사회가 요구하는 핵심역량을 함양하여 포용성과 창의성을 갖춘 주도적인 사람'으로 성장하게 하는 데 중점을 둔다고 표현해요. 교

육과정 구성의 중점에서도 가장 먼저 제시된 게 바로 아래의
문장입니다.

　　OECD와 마찬가지로 우리나라에서도 미래 사회에 능동적으
로 대응하기 위한 역량으로 주도성을 가장 먼저 제시한 거죠.
이러한 미래 교육의 필요에 따라 2022 개정 교육과정에서 추
구하는 인간상은 총 네 가지로 아래와 같이 제시되었어요.

　　이는 각각 '자기 주도적인 사람, 창의적인 사람, 교양 있는
사람, 더불어 사는 사람'이에요. 이전 교육과정인 2015 개정
교육과정에서의 인간상은 '자주적인 사람, 창의적인 사람, 교
양 있는 사람, 더불어 사는 사람'이었어요. '주도성'이 강조되
는 사회적 요구에 따라 기존의 '자주적인 사람'이 '자기 주도적
인 사람'으로 바뀐 거죠.

이렇게 아이들은 불확실한 미래에 능동적으로 대응하기 위해 주도성의 함양이 절실히 필요한 교육적 환경에 처해 있습니다. 하지만 앞서 살펴본 사례들을 바탕으로 아이들이 대체 언제, 자기 생각을 표현해볼 기회가 있었는지 생각해 보죠. 아기였을 때부터 전자 기능이 있는 국민장난감을 포함한 여러 장난감으로부터 쉴새 없이 자극을 받아 온 아이들입니다. 좀 더 커서 자신의 의지로 전자기기를 다룰 수 있게 된 후부터는 쏟아져 나오는 숏폼 영상에 노출되어 왔어요. 가만히만 있어도 자극이 쏟아지는 환경에서 과연 아이들은 창의력과 전략이 필요한 놀이를 하며 자라났을까요?

2016년 초, 우리는 모두 경우의 수가 너무나도 많은 바둑에서 인공지능이 인간을 이기기에는 아직 멀었다고 믿고 있었죠. 하지만 '구글 딥마인드 챌린지 매치*'에서 그 믿음이 와르르 무너졌던 순간이 찾아왔어요. 인공지능 바둑 프로그램 알파고(AlphaGo)가 이세돌 전 9단을 5국 중 무려 4국이나 압도적으로 이겨버린 거죠. 제1국부터 제3국까지를 본 모든 사람은 알파고의 성능에 경악했어요. 하지만 이세돌 전 9단은 제4국에서 알파고에 승리를 거두었죠.[19] 그 덕분에 그는 인류의 영웅이 되었다시피 했어요.

---

* Google DeepMind Challenge Match

알파고와의 5번기 제4국에서 승리한 이세돌 [출처 | 이광호 (2016.3.13.)]

패배가 확정된 이후의 고작 1승이라고 말할 수도 있지만, 전 세계가 이세돌 전 9단의 승리에 열광한 이유는 무엇일까요. 이 대국에서 이세돌 전 9단이 엄청난 경지의 주도성을 발휘하는 모습을 보여줬다는 점도 여러 이유 중 하나일 겁니다.

대국을 모두 마친 뒤, 이세돌 전 9단은 기존에 두었던 수를 돌아보며 인간의 창의성에 의문을 갖게 되었다고 할 정도로 알파고를 높게 평가했어요. 하지만, 동시에 당시 알파고가 완벽하지는 않다고 지적했어요. 제2국을 마친 직후에도 끝까지 자신의 바둑을 두면 된다는 의지를 보여주었던 이세돌 전 9단이었죠. 날이 밝아올 때까지 제2국을 거듭 복기하며 약점을 찾아냈고, 제3국이 끝난 뒤에도 분명히 약점이 있는 것 같다고 했습니다. 그리고 제4국, 꾸준히 얘기했던 약점을 파고들어 마침내 승리한 거죠.

이러한 이세돌 전 9단의 모습은 '전인적 성장을 바탕으로 자아정체성을 확립하고 삶을 스스로 개척하는 자기 주도적인 사람'의 모습 그 자체였어요. 이세돌 전 9단은 난전을 유도하고, 창조적 상상력을 발휘해 알파고의 버그를 불러일으키는 수를 두었어요. 모두가 알파고의 성능에 경악하며 도저히 이기지 못한다고 해도 끝까지 포기하지 않고 스스로 길을 찾아낸 거죠.[20]

그리고 10년이 조금 안 되는 시간이 흐른 미래, AI는 더욱 발전해서 우리 삶의 많은 부분에 들어와 있습니다. 그중 언제나 가장 큰 화두는 아무래도 Open AI의 생성형 AI 프로그램 '챗GPT'일 거에요. 오늘날 챗GPT는 우리의 삶에서 빼놓을 수 없을 정도로 많은 분야에서 쓰이고 있고, 그만큼 챗GPT의 이용량도 빠른 속도로 늘고 있어요. 2025년 7월 22일 기준 챗GPT의 이용량은 매일 약 25억 건, 연간 약 9,125억 건의 요청을 처리하고 있다고 합니다.[21]

많은 학생은 과제를 수행할 때도 챗GPT를 사용한다고 하는데요. 심지어 높은 비율의 대학생들이 챗GPT가 정리해준 내용을 그대로 제출했다는 사실이 밝혀져 충격이 컸죠. 이 때문에 대학에서는 챗GPT를 활용하지 못하도록 자필 보고서를 쓰게 하거나 GPT 판별기를 쓰기도 하는 등의 대응을 하고 있어요.[2] 'GPT 킬러'라고 불리는 챗GPT 판별기를 활용한 CK 브 릿지의 검사 결과, 무려 27.3%나 되는 과제가 표절률 30% 이 상이었다고 합니다. 챗GPT를 사용해서 과제를 작성했으니, 스스로 과제를 해결하기 위해 생각할 필요를 느끼지 못했을 것이라는 합리적 의심이 나올 만하죠.

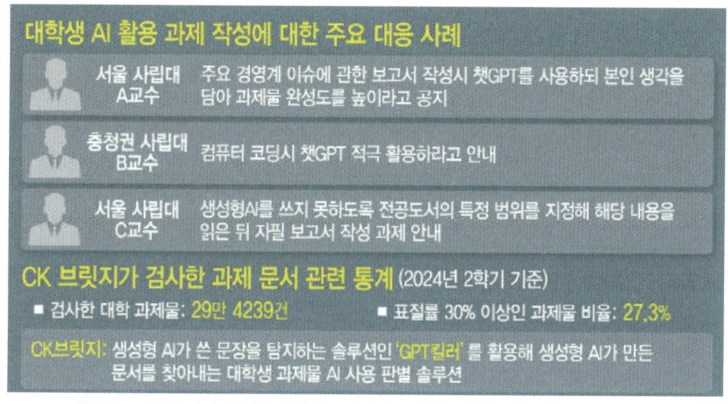

대학생 AI 활용 과제 작성에 대한 주요 대응 사례 [출처 | 김응열 (수정 2025.7.8.)]

하지만 이런 상황은 챗GPT가 만들어진 목적과는 맞지 않아요. Open AI에서 챗GPT를 개발한 취지는 "어느 한 개인이나 기업에 통제되지 않는 인공지능을 만들고, 인류에게 도움이 되는 안전한 방식으로 발전시키자."였거든요.[2] 인류를 대체하는 게 아니라 인류에게 도움이 되는 방식으로 만들어진 챗GPT가 사용자의 생각을 대체하게 되는 상황은 개발 의도와 거리가 멀죠. 이러한 사회적 문제 때문에 챗GPT 사용

을 금지하는 대응 방안을 생각해내야 한다는 상황 또한 마찬
가지입니다.

챗GPT를 활용해서 과제를 수행할 수는 있겠지만, 어디까지
나 주된 생각은 챗GPT가 아니라 사용자가 해야 합니다. 명령
어를 입력하고 챗GPT가 응답하면 그대로 제출하는 게 아니
라, 챗GPT의 도움을 받아서 주도적으로 과제를 수행하는 게
올바른 사용 방식이죠. 많은 아이는 현재까지도 여전히 자기
생각을 표현하는 기회를 얻어보지 못했던 것 같아요. 하지만
정말 중요한 것은 주어진 과제를 주도적으로 판단하고, AI의
도움을 받을지언정 결국 자기 생각을 표현해서 수행해 내야
한다는 점입니다.

— 초거대 언어 모델(LLM) | 도구에 의존하지 않는 성장

대표적인 생성형 AI 프로그램 챗GPT는 2022년 11월 30일에 출시된 이후로 2023년 1월에는 출시 두 달 만에 사용자 1억 명을 돌파했어요.[24] 2025년 8월 7일(미국 현지 시간)에는 박사급 전문가 수준이라고 불리는 GPT-5가 출시될 정도로 성장도 빠르죠.[25] 챗GPT는 초거대 언어 모델(LLM*)을 기반으로 여러 모델을 사용해서 사람과 유사한 응답을 생성합니다.[26]

LLM은 인간이 언어를 통해 의사소통하는 방식을 모방한 모델인데요. 간단히 생각하면 여러 예능에서 종종 나오는 '이어 말하기'와 같은 원리에요. 문제를 내는 사람이 "낮말은 새가 듣고"를 외치면 맞추는 사람은 그다음에 나올 말을 예측해야 합니다. 흔히 아는 속담이라 추측해서 "밤말은 쥐가 듣는다"고 응답하면 정답인 거죠.

챗GPT에게 물어본 "낮말은 새가 듣고"에 대한 응답

---

* Large Language Model

　문장을 입력하면 챗GPT는 그 문장을 이루는 각 단어의 뒤에 나올 단어의 확률을 계산해서 예측해요. "비가 오는데"라고 입력하면 AI는 그다음에 올 단어로 '우산을'(35%), '그치지'(20%), '사람들은'(15%), '바람도'(10%), '나는'(8%) 등을 예측하는거죠. 이 예측은 사람들이 사용하는 여러 말투와 소통방식을 사전에 학습한 경험을 바탕으로 이루어져요. 우리가 누군가의 말을 듣고 원하는 답을 예측하는 것과 마찬가지의 원리죠.

예측 단어	예측 확률	예시 문장
우산을	35%	비가 오는데 우산을 안 가져왔어.
그치지	20%	비가 오는데 그치지 않네.
사람들은	15%	비가 오는데 사람들은 계속 걷는다.
바람도	10%	비가 오는데 바람도 세게 불어.
나는	8%	비가 오는데 나는 나가야 해.

　"비가 오는데 배가 고프다"고 입력하면 챗GPT는 '비가' 다음에 나올 단어가 '오는데'일 확률을 계산해요. 그다음에는 '비가 오는데' 다음에 나올 단어가 '배가'일 확률을 계산하는 거죠.

　챗GPT는 이런 과정을 반복하면서 문장을 한 단어씩 차례대로 생성해 나갑니다. 그렇게 계산된 확률에 따라 다음에 나올 단어를 예측하며 사용자가 원하는 대답을 추론하고요. 물론 그사이에 사용되는 여러 샘플링 방식과 복잡한 모델, 코드 데이터 등의 기술력이 있기에 가능한 일이죠. 이게 기본적인 LLM의 작동 원리입니다. 우리는 의사소통 경험을 통해 사람마다 다른 말투와 화법을 지닌다는 사실을 체득합니다. 그 경험을 기반으로 어느 사람이 어떤 말을 한다면 대체로 어떤 의도를 나타낼 가능성이 높을지 예측하죠. 그리고 이 사람이 듣고 싶은 말이 무엇일지 추론해서 자신이 알고 있는 정보를 바탕으로 대답해요. 챗GPT와 같은 생성형 AI에 쓰이는 LLM은 인간의 이런 소통방식을 모방하기 때문에 사용자가 원하는 정답을 높은 확률로 제공해줍니다.

사람들은 간단한 질문을 할 때부터 검색할 때, 심지어는 심리상담을 받고 싶을 때 등 다양한 상황에서 챗GPT를 사용합니다. Z세대 구직자 1,592명을 대상으로 실시된 한 조사 결과에 따르면, 86%의 응답자가 AI를 활용한 경험이 있다고 응답했어요.[27] 복수 응답을 허용해서 조사한 구체적인 활용 용도로는 자소서·이력서 작성이 51%로 가장 많았고, '기업·직무 정보검색'(48%), '면접 준비'(31%) 등에도 많이 응답하는 모습을 보였죠.

활용 용도의 여러 방법 중에서 고민 상담에 대한 문항은 포함되지 않았지만, 별도 문항의 조사 결과에 따르면 응답자의

73%가 AI에게만 털어놓은 고민이 있다고 밝혔어요. 심지어 고민을 나누기에 더 편한 대상을 물어보는 문항에서도 AI가 32%, 실제 사람이 33%로 거의 비슷하죠. 하지만 가장 많은 비율인 나머지 35%의 응답자는 '상황에 따라 다르다.'에 응답했어요. 향후 AI가 대체할 수 있다고 생각하는 역할에 대한 응답은 '검색포털'(40%), '취업 파트너'(26%), '진로 상담 멘토'(16%), '상담하는 친구'(15%), '감정 교류 대상'(3%) 등이었죠. 챗GPT가 인간의 언어를 모방하고, 듣고 싶은 말을 높은 확률로 계산해서 말해주기 때문에 심리상담을 잘하는 것은 어찌 보면 당연합니다.

Z세대의 AI 활용 경험 조사 결과 [출처 | 신지민 (수정 2025.7.26.)]

　그런데 이후에는 챗GPT에게 역으로 '팩트 폭행'을 해달라는 사람들이 늘기도 했어요.[28] 일부 사용자가 챗GPT에게 지나치게 공감하지 말고 자신을 냉철하게 바라볼 수 있도록 비판해달라는 요청을 하면서 시작되었는데요. 이게 '팩폭 챌린지'로 번지며 각종 SNS와 커뮤니티에 챗GPT에게서 받은 말을 캡처한 이미지를 공유한 사람들이 늘었어요. 여러 전문가는 사람들이 챗GPT를 통해 자기 성찰을 하는 동시에 위안을 얻고자 하는 심리가 작용한다고 분석했는데요. 김재휘 중앙대학교 심리학과 교수는 "요즘 챗GPT에 자신의 고민을 털어놓고, 그에 대한 답변을 기대하며 의존하는 경향이 퍼지고 있다."고 설명했어요.

　챗GPT와 같은 생성형 AI를 학업에 이용하는 학생들도 이전보다 훨씬 많아졌어요. 영국 전일제 대학생 1,041명을 대상으로 2024년에 실시된 한 조사에 따르면, 응답자의 92%가 생성형 AI를 이용하고 있었다고 합니다.[29] 이는 2023년에 실시된 같은 조사 결과인 66%에 비해 많이 늘어난 수치죠. 응답자들이 생성형 AI를 사용하는 용도는 '개념 설명'(58%), '논문 요약'(48%), '연구 아이디어 제안'(41%) 등이었어요. 특히 놀라운 건 응답자의 18%가 AI의 응답을 그대로 과제에 넣어서 제출한다는 점이었습니다. 이 학생들은 과연 스스로 노력한 만큼의 학업성취를 이룰 수 있을까요?

　놀랍게도, 하지만 어찌 보면 당연하게도 챗GPT를 포함한 생성형 AI의 사용이 두뇌의 인지 활동에 매우 부정적인 영향을 미친다는 연구 결과가 있어요.[30] 학술지에 게재되거나 학회에서 발표되기 전인 초기 연구 결과로, 미국 MIT 미디어랩의 Kosmyna 박사팀이 밝힌 내용이에요. 18~39세의 참가자 54명을 각각 챗GPT 사용, 구글 검색엔진 사용, 디지털 도구 사용 불가의 세 그룹으로 나눴어요. 그룹마다 SAT 스타일의 사회적 주제에 대해 20분간 에세이를 작성하도록 하고, 그동안 EEG 헤드셋*을 통해 뇌의 32개 영역에서 뇌파(EEG)를 실시간으로 측정했어요. 그 결과, 챗GPT를 사용한 그룹의 뇌 연결성과 인지적 몰입도가 가장 낮았습니다. 그들은 알파파와 베타파의 활성량이 감소하였는데, 이는 깊은 사고력과 창의성, 주의 집중력 등의 감소로 이어졌어요. 심지어 이 그룹의 글에서는 모두 비슷한 구조와 표현이 보였는데, 실험이 거듭될수록 글은 점점 더 기계적으로 변해갔다고 합니다.

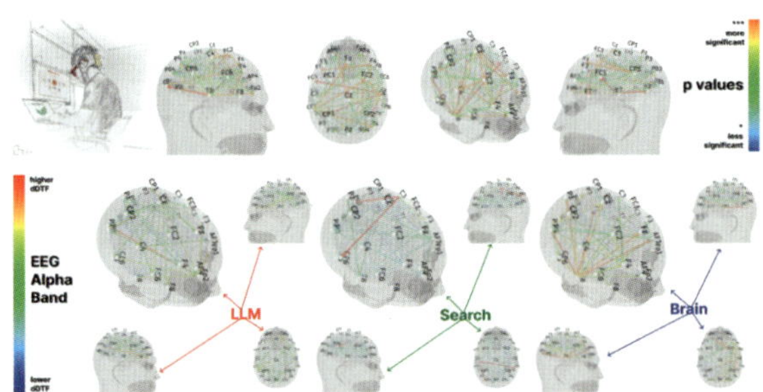

Figure 1. The dynamic Direct Transfer Function (dDTF) EEG analysis of Alpha Band for groups: LLM, Search Engine, Brain-only, including p-values to show significance from moderately significant (*) to highly significant (***).

세 그룹의 뇌파 분석 결과 [출처 | Nataliya Kosmyna et al. (2025)]

＊ Neuroelectrics Enobio 32

　　챗GPT와 같은 생성형 AI는 분명 삶의 질을 높여줄 수 있는 강력한 도구에요. 하지만 인간이 도구를 다루면서 점점 발전해 왔던 것처럼, 생성형 AI도 의존하기보다는 도구로써 잘 활용할 방법을 생각해내야 해요. AI는 인간보다 계산도 빠르고 기억도 잘하며 글짓기도 금방 해내겠지요. 하지만 AI에 의존한 과제 수행에서는 사용자의 어떠한 성장도 따라올 수 없습니다.

　　만화 '이누야샤'는 주인공이 성장하는 흔한 소년만화의 전개를 보이지만, 특별한 점이 있어요. 바로 주인공 '이누야샤'의 힘이 강해지기보다는 그의 칼인 '철쇄아'가 새로운 능력을 얻으며 강해진다는 점입니다. 문제는 주인공 자체가 강해지는 게 아니라 칼이 새로운 능력을 하나둘씩 얻는 성취의 전개 방식이에요. 이 때문에 주인공

'이누야샤' 단행본 31권

이 역경을 극복하며 얻는 성취가 흐려지는 거죠. 그래서 완결이 난지 10년도 더 지났지만, 여전히 주인공은 칼이냐는 논란이 끊이질 않아요.

생성형 AI는 점점 발전하고 있습니다. 하지만 생성형 AI를 도구로써 활용할 방법을 생각하지 않는다면 사용자의 역량은 발전하지 못할 거에요. AI를 잘 활용하는 기술도 능력입니다. LLM의 원리를 이해하고 원하는 답을 얻기 위해서는 사용자가 주도성을 갖고 생각해야 해요. 자극이 쏟아지는 시대에서 살아남기 위해서는 자극과 도구에 의존하지 않고 스스로 생각하는 자세가 절실히 필요합니다.

Tips

커피 한 잔만으로도 머리가 맑아지고 집중이 잘 되는 사람, 잠을 이루지 못하는 사람이 있습니다. 하루를 커피와 함께 시작해야 하는 사람도 있죠. 하지만 커피를 너무 많이 마시면 금방 내성이 생깁니다. 커피로 만족하지 못하게 되면 더 강한 카페인 음료를 마시기도 하죠. 자극을 좇다 보면 발전보다 내성이 먼저 생길 거에요.

2장

앞으로는 외우는 공부만으로 부족하다.

— 우영우의 서번트 증후군 | 잊는다는 건 어쩌면 생존 전략

　영국의 화가 스티븐(Stephen Wiltshire)은 3살 때부터 자폐 스펙트럼 장애를 앓았고, 서번트 증후군도 지니고 있습니다.[31] 5살 때 입학한 특수학교에서 미술 시간에 그린 그림을 보고, 남다른 재능을 알아본 선생님이 그를 그림 경연대회에 출마시켰어요. 7살 때부터 그는 도시 그림에 관심을 두게 되었고 1987년, 13살 때 BBC에 출연하면서 유명해졌죠.

스티븐 윌트셔가 작업하는 모습 [The Telegraph (2011.3.3.)]

　스티븐의 작품은 전 세계적으로 점점 수요가 늘어나고 있습니다. 그도 그럴 듯이 놀라운 기억력을 바탕으로 단 20분간의 헬리콥터 비행을 하며 자신이 본 도시를 정밀하게 그려내거든요. 그는 7살 때 매료된 런던을 시작으로 로마, 프랑크푸르트, 마드리드 등의 여러 도시를 그리며 세계적인 화가로 이름을 떨쳤어요. 특히 도시의 대형 파노라마 드로잉으로 유명해서 세계 9개 주요 도시에서 의뢰를 받기도 했습니다.

　이처럼 초인적인 기억력을 바탕으로 한 그의 재능을 서번트 증후군(Savant Syndrome)이라고 하는데요. 서번트 증후군은 자폐 스펙트럼 장애와 같은 지적 장애가 있는 사람이 특정 분야에서 비범한 능력을 보이는 현상이에요. 서번트 증후군이 있는 사람을 대상으로 이루어진 한 사례연구에서는 자폐인 중 약 10%가 이런 능력을 지닐 수 있다고 밝혔어요.[32]

　시각을 잃은 사람의 청각이 고도로 발달하는 경우가 종종 있다는 얘기를 들어봤을 거에요. 서번트 증후군은 이처럼 뇌 손상이나 언어적 결함으로 좌뇌가 약화된 반면, 우뇌가 과하게 발달하면서 생겨나는 특이 현상이라고 분석한 연구 결과가 있어요.[33] 이 연구에서 모든 서번트 증후군은 방대한 기억력과 연관되어 있다고 언급했는데요. 이 기억력은 정확하고 깊은 수준으로, 감정이 배제된 형태로 저장되는 특성이 있다고 해요.

　이처럼 자폐 스펙트럼 장애와 서번트 증후군이 동시에 있는 인물을 주인공으로 한 국내 드라마가 있어요. 바로 ENA 드라마 '이상한 변호사 우영우'입니다. 주인공인 우영우는 자폐 스펙트럼 장애가 있지만, IQ가 160대 초반으로 높고, 읽은 책을 모두 사진처럼 선명하게 기억하는 능력을 갖춘 인물이죠.

　극 중 우영우는 천재적인 기억력을 바탕으로 방대한 양의 법률 지식을 즉각적으로 활용하는 장면이 자주 묘사돼요. 그 덕분에 여러 변호사와 검사들을 상대로 창의적이고 예리한 전략을 내세우며 승리를 거듭하죠. 우영우와 같은 팀에 속한 로스쿨 출신의 한 동료 변호사가 경쟁 상대로 여기며 경계할 정도입니다. 잘 기억하는 능력은 그것만으로도 엄청난 무기가 될 수 있다는 점을 잘 보여주죠. 하지만 저렇게 방대한 양을 정확하게 기억하는 능력은 과연 축복받았다고 할 수 있을까요?

　뉴욕 타임즈(Time)는 과거에 기억 실패로 해석되던 망각이 사실은 기억의 능동적인 과정일 수도 있다는 관점을 제시한 바 있어요.[34] USC 연구팀에서 광학 현미경을 이용해 기억이 형성되는 과정의 뇌 영상을 실시간으로 관찰했는데요. 기억이 형성될 때 불필요한 시냅스가 제거되는 동시에 새로운 시냅스가 생성되었다고 해요. 학습 속도가 늘어날 때는 과거의 불필요한 기억이 더 빠르게 사라지기도 했어요. 이를 통해 연구팀은 망각이 불필요한 정보를 제거함으로써 뇌의 과부하를 줄이고 인지적 효율성을 높이는 기능일 수 있다고 해석했습니다. 캐나다 맥길(McGill) 대학교 심리학과 올리버(Oliver Hardt) 교수는 기억 체계에서 가장 근본적인 측면 중 하나가 망각이라고 했어요. 또한, 망각이 없다면 아무것도 제대로 작동하지 않을 것이라고 설명했습니다. 이 연구에서는 망각이 뇌에서 기본적으로 작동하는 능동적인 정보처리 전략이라는 점을 강조했어요.

　또 다른 연구 결과는 의도적인 망각이 가져오는 이점을 시사하기도 했는데요.[35] 이 연구에서는 의도적으로 기억을 억제하거나 망각하려고 시도할 때, 뇌 내 전두엽이 활성화되며 해마의 활동을 억제하는 모습이 관찰되었어요. 이를 통해 PTSD로 인한 외상 기억을 의도적으로 억제하거나 망각하려는 시도가 정신건강을 유지하는 데 도움이 될 것이라는 관점이 제시되었습니다.

　옷장에는 분명 옷이 많지만 당장 오늘 나갈 때 입고 싶은 옷이 없듯, 옷은 아무리 갖고 있어도 더 사고 싶어지죠. 하지만 옷장이 가득 차면, 그때부터는 새로운 옷을 사더라도 이를 보관할 장소가 마땅치 않아요. 이때 옷을 더 사는 것은 불필요하다고 판단하는 게 이성적이겠지만, 그런데도 새로운 옷이 나오면 사고 싶어지는 게 사람의 마음일까요. 하지만 이때는 이미 옷장에 있는 옷을 어느 정도 버려야 새로운 옷을 넣을 여유 공간이 생기겠죠.

우리는 뇌의 10%도 못 쓴다고 널리 알려져 있지만, 이는 과학적인 근거가 전혀 없는 틀린 말입니다. 활동량의 차이는 저마다 있을 수 있겠지만, 우리의 뇌는 항상 100% 사용되고 있다고 해요.[36] 하버드 대학교(Havard University) 진화신경과학과 에린(Erin Hecht) 교수는 뇌의 10%만 사용하는 사람이 있다면 인공호흡기에 연결된 사람일 거라고 했어요. 즉, 뇌는 항상 가득 찬 옷장과도 같습니다. 새로운 옷을 사서 옷장에 넣으려면 기존에 있는 옷을 버려야 하듯, 새로운 기억이 만들어지려면 기존의 기억을 버려야 해요. 망각은 뇌에서 무언가를 처리하기 위한 자연스러운 과정입니다.

만약 망각하지 못한다면 어떻게 될지 상상해보죠. ENA 드라마 '이상한 변호사 우영우'의 주인공처럼 우리가 읽은 책을 사진처럼 모두 기억한다고 가정해 볼게요. '이상한 변호사 우영우' 7화에서는 우영우가 읽은 문서들을 기억에서 끄집어내며 특정 페이지를 찾는 장면이 나옵니다. 하지만 실제로 망각

을 하지 못한다고 할 때, 저렇게 정돈된 모습으로 문서의 각
페이지를 찾을 수 있을까요?

ENA '이상한 변호사 우영우' 7화 장면

　우영우처럼 기억력이 좋을 수는 있어도, 선택적으로 기억하
기는 쉽지 않을 거에요. 게다가 폴더에 서류를 정리하듯 기억
이 차곡차곡 정리된다고 보기도 어렵습니다. 기억 속에서 원
하는 장면을 정확하게 찾아서 떠올렸다고 해도 방금 떠올린
장면이 다시 기억되면서 연쇄적으로 기억이 만들어질 수도 있
어요. 거울 두 개를 서로 마주 보게 두면 연쇄적으로 반사되며
상이 무한정 생겨나는 것처럼 말이죠. 그렇다면 컴퓨터에서
오류 창이 무한정 생성되는 모습처럼 잔상이 계속 남으며 앞
을 보지 못하게 될 수도 있어요. 그렇다면 생존에 어려움을 겪
을 수도 있는 문제가 됩니다.

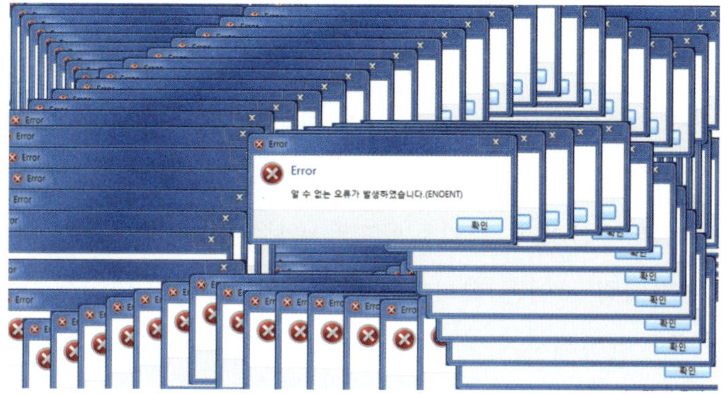

무한정 생성되는 오류 창

잘 잊는다는 것은, 어쩌면 잘 살아남기 위한 생존 전략일 수도 있어요. 새로운 정보를 받아들이고 기억하기 위해서는 기존의 정보를 잊고 여유 저장공간을 만들어야 해요. 잘 잊어야 외부에서 받는 자극을 매번 새롭게 받아들이고, 주어진 환경에 잘 적응하며 살아갈 수 있는 거죠.

딱히 중요하지 않은 정보는 잘 기억하는데, 일부러 외우려고 노력한 정보는 잘 기억나지 않았던 경험이 있나요? 인간의 기억력은 아쉽지만, 신기하게도 노력하는 방향과 반대로 작용하는 것처럼 보이곤 합니다. 코끼리를 생각하지 말라는 말을 여러 번 반복해서 들으면 코끼리가 상상 속에서 자연스럽게 떠오르죠. 이와 정반대로 기억하기 위해 의도적으로 외우려는 내용은 잘 기억나지 않기도 하고요.

학생마다 비중과 순서 등의 차이는 있겠지만, 많은 학생은 공부할 때 암기를 하죠. 한국어나 영어 같은 언어 공부를 할 때는 어휘나 문법 등을 암기할 거에요. 수학 공부를 할 때는 수학 공식을 외우려 열심히 노력하죠. 사회 공부를 할 때는 지역별 기후에 따른 농작물을 외우고, 과학 공부를 할 때는 자연의 법칙을 외우게 됩니다. 미술에서는 음계와 코드를, 체육에서는 운동 동작의 순서를 외우고요.

별로 좋아하지도 않던 노래는 지나가다가 들리기만 해도 흥얼거리면서 자꾸 기억나곤 하는데, 이상하게 공부할 때만큼은 외우는 게 참 힘들죠. 좋아하는 축구팀의 선수 정보나 게임 캐릭터별 특징, 아이돌 그룹의 노래 가사와 안무 같은 정보가 노력하지 않아도 머리에 쏙쏙 박히는 것과는 사뭇 달라요. 물론 흥미와 반복 시청, 생각하는 빈도 등의 변수가 다르긴 하겠지만요.

이 때문에 많은 학생은 학습 과정에서 외워야 하는 지식이 있다면 저마다의 전략을 바탕으로 암기하려 노력해요. 이를 심리학에서는 인지 전략이라고 합니다.[37] 예를 들어 6가지의 숫자 '4, 9, 1, 6, 2, 5'를 순서대로 기억해야 하는 상황이라고 가정해 볼게요.

머릿속으로 반복해서 읽는 학생, 여러 번 써보는 학생, 소리 내 읽는 학생들은 간격 반복(Spaced repetition) 전략을 사용한 거에요. 가장 단순하지만, 시간과 노력을 투자해서 누구나 쉽게 암기할 수 있는 방법이죠.

일시적 기억인 작업기억에서 동시에 받아들이는 정보의 수용 능력은 보통 4~5가지입니다. 그 이상의 정보는 동시에 기억해내기 힘들죠. 하지만 이 가짓수는 각각 1개씩의 정보가 아니라, 의미 있는 덩어리의 개수를 말해요. 이걸 이용한 전략이 청킹(Chunking)으로, 주어진 정보를 몇 가지의 덩어리로 분류해서 기억하는 방법이에요. 전화번호 '010-1234-5678'을 외울 때, 숫자는 총 11개나 되지만 '010', '1234', '5678'의 세 덩어리로 묶어서 외우면 쉬워지는 게 이 원리입니다. 6가지의 수를 한 번에 모조리 외우는 것은 작업기억의 용량을 초과하기 때문에 생각보다 어려워요. 대신 '4, 9, 1'과 '6, 2, 5'의 두 그룹으로 나눈 학생들은 청킹 전략을 사용한 거죠.

이 두 전략보다 생각해내기는 어렵지만, 더욱 효과적인 전략은 바로 정보의 패턴(Pattern)을 파악하는 거에요. 주어진 6가지의 수는 하나씩 보면 의미를 찾기 어렵지만, '4, 9, 16, 25'로 생각하면 패턴을 찾을 수 있어요. 4는 2의, 9는 3의, 16은 4의, 25는 5의 제곱수로 '2^2, 3^2, 4^2, 5^2'라는 패턴이 생겨나는 거죠. 패턴을 찾거나 만드는 데 익숙해지면 좀 더 쉽게 암기할 수 있어요.

이러한 모든 전략이 먹히지 않는 방대한 양의 정보를 외워야 하는 상황도 간혹 있는데요. 이 경우에는 정보를 모두 가사로 만든 노래를 활용하는 전략도 있습니다. '1월, 2월, 3월, …'은 우리나라에서 앞의 수만 바꿔주면 되지만, 영어로는 모든 단어가 다르고 특별한 규칙도 잘 보이지 않죠. 이 때문에 우리는 어릴 때 노래로 'January, February, March ~'를 외우는 경우가 많아요. 심지어 이 노래는 어느 지역의 어느 선생님께 배워도 나중에 성인이 되고 난 후에 비교해 보면 대부분 비슷하기도 해요. 아래 사진처럼 방대한 양의 원소 주기율표*도 노래를 이용하면 쉽게 외울 수 있죠.

---

* https ¦//ko.periodic-table.io

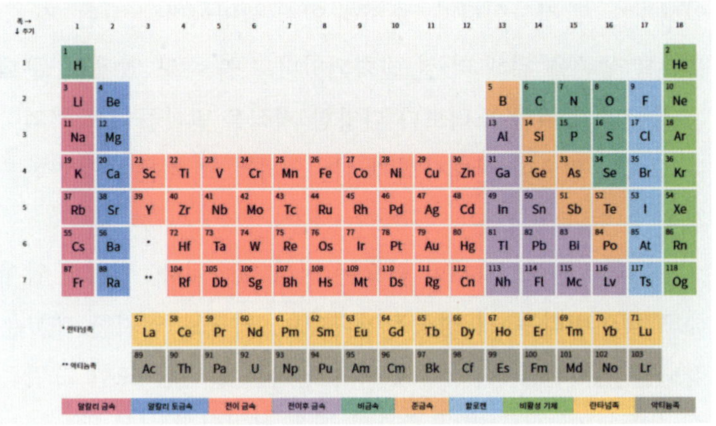

원소 주기율표 [출처 | https://ko.periodic-table.io]

하지만 이처럼 다양한 전략을 사용했다고 하더라도 새로운 정보를 받아들이면 열심히 외웠던 정보는 금방 잊혀집니다. 열심히 외우려고 노력했으니 뇌도 중요한 정보라고 인지해서 잘 기억하면 좋을 텐데 말이죠. 하지만 잘 생각해 보면 공부할 때 그런 방식으로 동시에 외우려 하는 정보량은 보통 꽤 많아요. 노래로 외운 정보가 몇 년이 지나도 잊혀지지 않는 건 같은 시간대에 외우는 정보가 그 노래 하나만큼의 양으로만 끝나기 때문이기도 하겠죠. 아무리 동시에 많은 정보를 외우려고 노력해도 뇌는 그 정보 간의 중요도를 판단할 수 없으니 잊혀지는 정보가 생겨날 수밖에 없어요.

학습한 내용은 뭐가 됐든, 얼마나 노력했든 시간이 지나면 잊혀지는 게 정상입니다. 오히려 앞서 설명했던 것처럼, 잘 잊을수록 생존을 위해 더 잘 진화되었다고 볼 수도 있어요. 문제는 살아남기 위한 노력보다 다양한 지식을 받아들이고 기억하는 노력이 필요한 현대사회에서는 오히려 그 때문에 불편함을 겪을 수 있단 거죠.

그렇다고 한들, 자책할 필요는 전혀 없습니다. 열심히 암기해도 잊어버리는 게 정상적이니까요. 거꾸로 암기한 대부분 정보를 기억한다면 잊지 못해서 생기는 불편함 또한 그만큼 클 수밖에 없고요. 일단 중요한 것은 암기하려 아무리 노력해도 시간이 지나면 잊혀지는 게 당연하다는 사실을 받아들이는 거예요. 기억하지 못한다는 이유로 스트레스를 받으면 공부하는 것 자체가 정말 힘들어집니다. 지금부터 설명해 드리려는 '잊혀지지 않는 공부 방법'은 나만 잘 잊어버리기 때문에 어쩔 수 없이 익혀야 하는 게 아니에요. 그보다는 시간이 지나면 잊혀지는 게 당연하니 이를 극복하려는 방법을 익히는 것으로 생각하면 좀 더 편안하게 느껴질 거에요.

너무 뻔한 얘기 같기도 하지만, 잊혀지지 않는 공부 방법은 아직 발견된 바로 거의 하나밖에 없어요. '교과서 위주로 공부했어요.'와 비슷할 정도로 어디에서나 흔히 강조되는 '복습'입니다.

예습과 복습이 중요하다고들 하지만, 사실 '예습'이 효과적일지는 몰라도 효율적이지는 않아요. 효과적이라는 말은 과정이 어떻든 결과적으로 효과가 있으면 되는 거에요. 예습하면 그만큼 시간과 노력을 들였으니 어느 정도의 효과가 있겠죠. 하지만 학생들이 학습하는 내용은 대부분 많은 학자가 연구한 결정체를 교육적으로 발달순서에 따라 정리한 순서로 나와요. 그러니 독학으로 예습하는 것은 생각보다 시간이 오래 걸려 비효율적이에요. 효과가 없지는 않겠지만, 노력한 시간에 비해 큰 효과를 얻기는 어렵죠. 게다가 더 큰 문제는 주어진 내용을 잘못 해석할 경우 오개념이 생길 수도 있다는 점이에요. 기껏 시간을 들여 노력했는데 효율적이지도 않고, 오히려 역효과가 발생할 수도 있다니 썩 유쾌한 전략은 아니죠.

하지만 복습은 다릅니다. 점심을 먹고 난 후, 어느 정도 활동을 하며 양분을 사용하고 나면 배가 고파지죠. 복습은 배가 고파질 때쯤 저녁 식사를 하는 것과 비슷한 원리의 행위에요. 고철이 녹슬지 않도록 칠했던 페인트가 벗겨지면 다시 그 위에 페인트를 덧칠하는 것과도 같은 원리죠. 뇌는 중요한 정보를 선택할 수 없으니, 새로운 기억이 형성되면 기존의 기억이 잊혀져요. 하지만 완전히 잊혀지기 전에 같은 정보를 다시 넣어주면 처음 배울 때보다 더 쉽게 받아들일 수 있죠. 어릴 때 피아노 연습을 많이 했다면 몇 년 동안 전혀 피아노를 치지 않더라도 한 번도 해보지 않은 사람보다는 금방 배우는 것처럼요.

즉, 복습을 통한 반복 학습이 중요하다는 거죠. 독일의 심리학자 에빙하우스(Hermann Ebbinghaus)가 이러한 기억의 특성을 최초로 연구했는데요. 그의 서적은 현대 심리학의 발전에 많은 영향을 미쳤습니다. 이 책에서 기억은 학습 직후에 급속도로 잊혀지며, 시간이 지날수록 망각 속도가 줄어든다는 사실을 수치로 제시했어요.[38] 학습이 일어난 후 20분이 지나면 58%, 1시간이 지나면 44%의 기억만 남았어요. 하지만 이후로 잊혀지는 속도가 급격히 줄어들며 9시간 후에 36%, 1일 후에 33%, 6일 후에 25%, 31일 후에는 21%의 기억만 겨우 남아 있었다고 합니다.

19세기에 나왔던 이 책은 실험 설계가 매우 치밀하고 과정이 구체적이었으며, 결과가 시사하는 점이 많았어요. 하지만 자료가 표로만 제시되었고 실험도 다소 아쉬운 부분이 있었어요. 그래서 후대의 심리학자들이 에빙하우스의 실험을 현대적으로 재현하고, 그 결과를 시각적인 그래프로 정리하기도 했어요.[39] 이 그래프가 바로 유명한 '에빙하우스의 망각 곡선'입니다. 이 망각 곡선에 따르면 기억하고 있는 정도를 나타내는 재학습 시간 절약률(Savings)이 급격하게 줄어들어요. 이는 망각이 급속도로 진행된다는 점을 의미하죠. 하지만 정확한 기억의 비율(Proportion Correct)은 상대적으로 완만하게 감소하는 모습을 보여요. 즉, 학습한 정보는 빠르게 잊혀지더라도 일부 핵심적인 요소는 남아 있다는 뜻입니다. 그 때문에 복습하면 여

전히 남아 있는 핵심 요소를 쉽게 떠올리며 기억이 잊혀지지
않도록 유지할 수 있는 거죠.

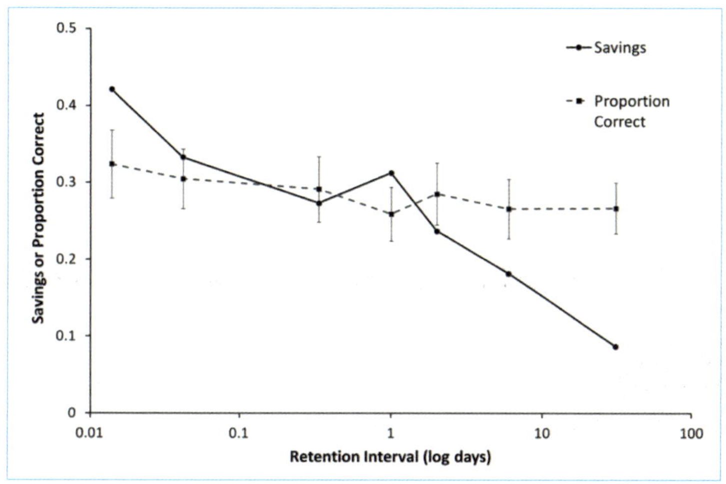

후대의 심리학자가 재현한 에빙하우스의 망각 곡선 [출처 | Jaap M. J. Murre & Joeri Dros (2015)]

　학습한 기억이 잊혀지는 것은 자연스러운 현상이니 어쩔 수
없어요. 하지만, 기억이 대부분 잊혀지더라도 핵심적인 내용
만큼은 잘 잊혀지지 않아요. 의미를 이해하지 못하고 단지 외
우기만 한 내용에서 핵심적인 기억은 남아 있을 수 없죠. 학습
한 내용이 잊혀지지 않도록 하려면 핵심 개념을 이해하고, 복
습을 꾸준히 해야 합니다.

― 수행평가 제도 재검토 청원 | 수행평가를 둘러싼 어려움

'공부의 신' 강성태 공신닷컴 대표가 수행평가 전면 재검토에 관해 올린 청원에 국민의 반응이 뜨겁습니다.[0] 2025년 6월 20일에 시작된 청원은 7월 14일 50,000명의 동의를 얻으며 수립되었어요. 이후에도 지속된 관심에 청원은 7월 20일까지 53,091명의 동의를 받고 마감되었습니다.

강성태 대표의 수행평가 제도 재검토 청원 [출처 | 강성태 (2025.6.20.)]

강성태 대표는 청원을 올린 후 라디오 방송에도 출연했는데요. 한 학기에 50개나 되는 수행평가 때문에 학생들 사이에서는 6시간이나 자면 사치라는 말이 나올 지경이라고 이야기했어요.[41] 특히 한 학부모가 "대한민국 교육의 유일한 희망은 이

제 자퇴뿐이다.”라고 했던 충격적인 발언을 언급하기도 했습니다. 한 학기에 수행평가가 과목마다 보통은 2~3번, 많으면 5번씩 보는데 과목 수가 10개 정도이니 최대 50번이라는 계산이죠. 개수도 많지만, 더 큰 문제는 수행평가가 중간고사와 기말고사 기간에 이루어지는 경우가 많다는 점인데요. 시험 기간이면 하루에 수행평가가 3~4개씩 몰려 6시간이나 자면 사치라는 말이 고등학생들 사이에서 나온다고 했어요.

청원을 올리고 얼마 지나지 않아 교육부에서도 2학기부터 수행평가 운영 방식을 개선하겠다는 입장을 냈는데요. 강성태 대표는 교육부의 빠른 조치에는 감사한 마음이 들었으나, 이 때문에 많은 분이 실망하기도 했다고 답했어요. 교육부가 2020년에 이미 제시했던 대책인 ‘과제형 수행평가 금지’를 똑같이 반복했을 뿐이었다는 게 그 이유였죠. 2020년 이후로 과제형 수행평가가 실제로 많이 줄어들긴 했지만, 또 다른 새로운 문제가 생겼다고 해요. 바로 집에서 미리 준비한 내용을 암기한 다음, 수업시간에 그저 옮겨적기만 하는 학생들이 생기고 있다는 점이죠. 이 때문에 현재의 수행평가는 기억력 경진대회로 전락해 버렸다고 설명했습니다.

실제로 교육부는 2025년 7월 2일, ‘중학교·고등학교, 2학기부터 과도한 수행평가 부담 해소한다’는 제목으로 보도자료를 발표했어요.[42] 강성태 대표가 청원을 올리고 2주도 안 된 시기에 빠르게 대응했다고 볼 수 있죠. 심지어 동의 5만 명을 받아 청원이 수립되기도 전에 신속하게 대응한 점은 눈여겨볼 만합니다.

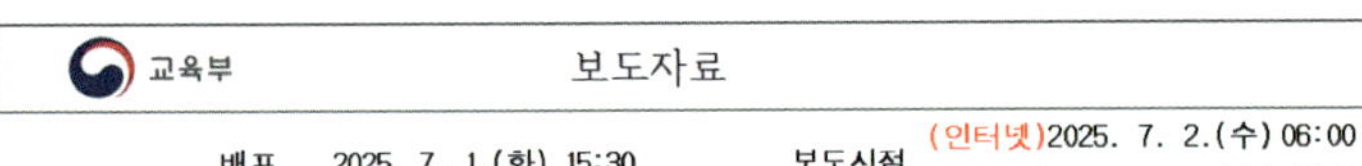

🌀 교육부	보도자료

| 배포 | 2025. 7. 1.(화) 15:30 | 보도시점 | (인터넷)2025. 7. 2.(수) 06:00
(지 면)2025. 7. 2.(수) 석간 |

중학교·고등학교, 2학기부터 과도한 수행평가 부담 해소한다

- 수업 시간 내 수행평가 원칙 확립, 과제형 수행평가와 과도한 준비가 필요한 암기식 수행평가 금지
- 내실 있는 수행평가 운영을 위해 시도교육청과 협력 강화

교육부(국무총리 직무대행 부총리 겸 교육부 장관 이주호)는 학생들의 학습 부담을 줄이고 수행평가의 취지를 보다 잘 살릴 수 있도록 수행평가 운영 방식을 올해 2학기부터 개선해 나가겠다고 밝혔다.

[출처 | 교육부 보도자료 (2025.7.2.)]

보도된 내용은 첫째로, 모든 수행평가가 수업시간 내에 이루어진다는 원칙을 철저히 적용하겠다는 점이에요. 이와 동시에 과제형 수행평가와 과도한 준비가 필요한 암기식 수행평가 등의 운영을 금지했어요. 둘째로, 7~8월 중 시·도교육청 별로 수행평가 운영에 대한 현장 안내를 시행한다고 합니다.

많은 사람이 실망했다며 비판하는 이유는 바로 우선 제시한 두 가지 정책 모두 전혀 새로운 게 아니라는 점이에요. 물론 빠르게 대응했기에 검토할 시간이 충분치 않았겠죠. 그렇

다 해도 "기존의 대책을 강화할 방안을 모색하고자 한다." 같
은 어투였으면 비판이 덜했을 수도 있었을 것 같아요. 보도자
료에서는 "대책을 우선 추진하고자 한다."고 표현되어 실망스
러운 것으로 보이기도 합니다.

하지만 이 뒤에 "교육부는 각 시·도교육청과의 협의를 통해
수행평가 운영 과정에서 나타나는 어려움과 개선 요구를 면밀
히 검토하고, 필요한 경우 관련 지침을 개정할 예정이다. 이를
통해 학교 현장의 자율성을 존중하면서도 학생들의 학습 부담
을 완화하고, 평가의 실효성을 높일 수 있는 방향으로 제도 개
선을 유도해 나가고자 한다."고도 했어요. 두 개의 우선 조치
는 일단 문제가 나오는 부분이니 다시 한번 강조한 것이고, 학
교 현장의 요구 사항을 검토해서 지침을 추후 개정하겠다는
뜻으로 보이죠.

우리나라에서는 1995년, 「5.31 교육개혁안」이라고도 불리는
「신교육체제 수립을 위한 교육개혁 방안」 이후로 수행평가가
점차 생겨났어요.[43] 이 대통령 보고서는 기존의 산업화에 기
여했던 양적 성장 중심 교육에서 탈피해야 한다는 문제의식을
제시해요. '단편적 지식만을 암기하는, 현실로부터 유리된 교
육이 문제다.'고 언급하며, 학생들의 다양한 능력과 적성을 계
발하고 창의성을 신장시켜야 한다고 강조하죠. 이외에도 많은
교육정책을 제시하는데, 우리나라의 교육과정은 이 보고서 이

후로 개정을 거듭하며 만들어졌어요.

「5.31 교육개혁안」 내용 일부

이후 1996년, 국립교육평가원에서 낸 도서를 통해 우리나라에 수행평가라는 용어가 처음으로 소개되었습니다.[44] 교육부에서는 1998년, 「2002학년도 대학입시 제도 개선안」에서 공식적으로 수행평가를 강조하기 시작했어요.[45]

이 개선안에는 학교생활기록부에 비교과 영역을 만들어 학생들의 역량을 작성하도록 하고, 대학입시 제도에 활용하라고 명시됐어요. 그리고 학교생활기록부의 공정성과 객관성 문제를 해결하기 위한 방안으로 수행평가를 도입한 거죠. 즉, 우리나라에서 수행평가를 도입한 이유는 '기존의 암기 위주·입시 위주의 평가 방법에서 벗어나, 학생들이 배운 내용이나 습득한 기술·기능을 발휘하는 정도를 측정'하기 위함이었어요.

> **문6)** 학교생활기록부의 활용 가능성이 높아짐에 따라 학교생활기록부의 공정성·객관성 문제가 더욱 심각해지는데 이에 대한 대책은 무엇인가요?

투명한 평가체제 구축	● 학생을 총체적으로 이해하고 평가할 수 있는 다양한 도구를 개발하여 적용함으로써 누구나 수긍할 수 있는 공정하고 투명한 평가체제를 구축할 것입니다.
중간·기말고사 점진적 축소 **학습과정·결과 누가 기록**	● 또한 전형적인 중간·기말고사 비율을 점진적으로 축소하고, 학습과정과 결과의 누가 기록을 일상화할 것입니다.
수행평가 점진적 도입	● 기존의 암기위주·입시위주의 평가방법에서 벗어나 지식을 어느 정도 수행할 수 있느냐, 즉 배운 내용이나 습득한 기술·기능을 행위로 나타내는 정도를 측정하여 판단하는 평가방법인 수행평가를 점진적으로 도입할 것입니다.

「2002학년도 대학입시 제도 개선안」 내용 일부

현재 학생들에게 적용되는 2015 개정 교육과정[46]과 2022 개정 교육과정은 모두 역량 중심 교육과정이에요. 두 교육과정 모두 총론에서 6가지의 핵심역량을 강조하죠. 2015 개정 교육과정의 '의사소통 역량'이 2022 개정 교육과정에서 '협력적 소통 역량'으로 변한 정도의 차이만 있을 뿐입니다.

구분	2015 개정 교육과정	2022 개정 교육과정
핵심역량	– 자기관리 역량 – 지식정보처리 역량 – 창의적 사고 역량 – 심미적 감성 역량 – 의사소통 역량 – 공동체 역량	– 자기관리 역량 – 지식정보처리 역량 – 창의적 사고 역량 – 심미적 감성 역량 – 협력적 소통 역량 – 공동체 역량

우리나라의 교육과정에 따르면 학교는 학생의 인지적·정의적 측면에 대한 평가가 균형 있게 이루어질 수 있도록 해야 합니다. 즉, 지식에 대한 이해도와 이를 기반으로 한 문제해결력만 평가하는 게 아니죠. 학생들의 정의적 측면으로써 심미적 감성, 소통, 공동체 역량 등을 측정하기 위해서는 수행평가가 필요합니다. 수행평가를 폐지한다면 결국 지필평가만 남을 텐데, 중간고사·기말고사와 같은 지필평가로는 이런 역량을 측정할 수 없으니까요.

중간고사와 기말고사로 이루어지는 지필평가만으로 학습을 통해 학생이 성취한 역량을 모두 평가할 수는 없어요. 이게 1990년대까지 이루어졌던 일제식 평가 방식이었죠. 암기 위주와 입시 위주에서 벗어나기 위한 대안으로 제시된 게 바로 수행평가였어요. 아이러니하게도 수행평가 때문에 암기 위주, 입시 위주의 분위기가 심화된 게 문제죠. 도입된 취지와는 반대로 오히려 기존의 문제점이 몇십 년에 걸쳐 더 늘어나긴 했지만, 그렇다고 당장 수행평가를 폐지한다면 학생들의 다양한 역량을 평가할 수 없어져요.

강성태 대표가 했던 말처럼, 실제로 학교 현장에서는 10여 개의 과목이 각각 지필평가와 수행평가를 시행하고 있습니다. 과목마다 차이가 있겠지만, 평균적으로 과목마다 수행평가를 3개씩 실시한다고 가정해서 단순 계산을 해보죠.

우리나라의 초·중·고 모두 한 학기의 수업일수는 95일 이상이에요. 학기가 시작되면 어느 정도 학습이 이루어져야 평가할 수 있으니 20일을 제외하죠. 중간고사는 보통 2일, 기말고사는 보통 3일 동안 이루어지니 5일을 또 제외할게요. 학기 말에는 성적처리를 하는 기간이 필요하니 10일을 제외하면 남는 건 60일이에요. 과도한 암기를 요구하지 않는 평가를 하려면 모든 수행평가를 하루 안에 끝내는 건 현실적으로 어려울 겁니다. 개당 1.5일이 필요하다고 계산해도 과목당 5일이 필요해요. 부담을 줄이기 위해 10개의 과목이 수행평가 시기를 나눈다면 60일 중의 50일이 수행평가 기간인 셈이에요. 그러니 학생들이 학기 내내 평가에 시달리게 되는 거죠.

본질적인 교육의 목적이나 국가 경쟁력, 대학입시 제도 때문에라도 수행평가는 필요해요. 하지만 교육을 위한 평가가 아니라, 평가를 위한 교육이 이루어지게 되는 현실이 안타까울 따름입니다.

— 현 대학입시 제도에서의 탐구력 | 대비해야 하는 것은

2022 개정 교육과정의 도입을 맞아 교육부에서 새로 배포한 학생평가 자료에는 지필평가와 수행평가의 용어가 정의되어 있어요.[47] 지필평가는 중간고사나 기말고사와 같은 일제식 정기고사를 의미하고, 문항이 선택형과 서답형으로 구성됩니다. 수행평가는 교과 수업시간에 학습자들의 학습 과제 수행 과정과 결과를 바탕으로 이루어지는 평가에요. 이 자료에 따르면, 평가는 학생의 교육 목표 도달 정도를 확인하고, 학습의 부족한 부분을 보충하며, 교수·학습의 질을 개선하기 위해 존재해요.

> 📖 **지필평가란?**
>
> '중간 또는 기말고사(1회, 2회고사 등)'와 같은 '일제식 정기고사'를 의미하며, '문항정보표'의 구성에 따라 '선택형'과 '서답형'으로 구분합니다. 단, 시·도교육청 공동으로 실시하는 '영어듣기평가'는 수행평가로 간주할 수 있으며, 학교에서 형성평가 및 수행평가의 일환으로 실시하는 '선택형' 및 '서답형' 문항으로 구성된 평가는 '지필평가'에 해당하지 않습니다.
>
> 📖 **수행평가란?**
>
> 교과 담당 교사가 교과 수업 시간에 학습자들의 학습 과제 수행 과정 및 결과를 직접 관찰하고, 그 관찰 결과를 전문적으로 판단하는 평가 방법을 의미합니다.
>
> ※ 수행평가에서 사용하는 용어는 다음과 같은 의미를 가집니다.
>
> 　가) 학습 과제: 학습자들에게서 성취되기를 기대하는 교육과정상 각 교과 교육 목표와 관련되는 것으로, 실제 생활에 가치 있고 중요하며 유용한 과제를 의미
>
> 　나) 수행: 학생이 단순히 답을 선택하는 것이 아니라, 학생 스스로 답을 구성하는 것, 산출물이나 작품을 만들어 내는 것, 태도나 가치관을 행동으로 드러내는 것 등을 모두 포함
>
> 　다) 관찰: 학습자가 수행하는 과정이나 그 결과를 평가자가 읽거나, 듣거나, 보거나, 느끼거나 하는 활동을 모두 포함
>
> 　라) 판단: 평가자가 관찰한 것을 객관성·합리성·타당성·신뢰성 등이 있는 기준을 준거로 점수화하거나, 문장화하는 것을 의미

「2022 개정 교육과정에 따른 고등학교 학생평가 톺아보기」 내용 일부

즉, 교육부에서 이야기하는 평가의 목적은 어디까지나 학습자의 성장을 지원하고 교수·학습의 질을 개선하는 거죠. 지필평가는 학습자의 교육목표 도달 정도를 확인하는 총괄평가의 개념입니다. 물론 학기 단위로 보면 중간고사조차도 학생들에게 형성평가처럼 작용할 수는 있겠죠. 평가의 목적을 고려하면, 수행평가는 학습의 중간마다 형성평가의 개념으로 실시되고 피드백을 제공해주는 형태로 이루어져야 적절할 것으로 보여요. 학생이 학기 중에 학습하며 익힌 역량을 확인하고, 학습이 더욱 잘 이루어지도록 공부 방향을 개선하는 이정표와 같은 역할이 되어야 바람직할 거에요.

하지만 왜 우리나라 학생들은 평가 때문에 학교생활을 힘들게 보내야 할까요. 가장 직관적이고 현실적인 이유는 바로 대학입시 제도 때문일 겁니다. 지금의 대학입시 제도는 2019년, 교육부에서 발표한 「대입제도 공정성 강화 방안」을 따르고 있어요.[48] 이 방안이 시행된 이유는 고교 유형에 따른 유불리를 없애고 외부요인이 대입에 미치는 영향을 차단하기 위함이었어요. 이로 인해 많은 변화가 이루어졌습니다.

가장 큰 변화는 자기소개서와 교사추천서의 폐지에요. 학교생활기록부에서는 수상경력과 독서활동, 개인 봉사활동 실적, 자율동아리 활동, 영재·발명교육실적이 대입에 반영되지 않게 바뀌었어요. 학교생활기록부 기재금지 사항이 늘었고, 제한 사항이 많아졌어요. 그리고 논술위주전형, 특기자전형 등을 폐지하고 학생부위주전형과 수능위주전형으로 대입 전형을 단순화시켰어요. 학종과 논술전형 쏠림현상이 심한 서울 소재 대학으로 수능위주전형을 확대했고요. 사회적배려대상자 선발과 지역균형 선발 정원은 늘렸습니다.

구분		現 고2~고3 (20~21학년도 대입)	現 중3~고1 (22~23학년도 대입)	現 중2 (24학년도 대입)
① 교과활동		• 과목당 500자	• 과목당 500자 • 방과후학교 활동(수강) 내용 미기재	• 과목당 500자 • 방과후학교 활동(수강) 내용 미기재 • **영재·발명교육 실적 대입 미반영**
② 종합의견		• 연간 500자	• 연간 500자	• 연간 500자
③ 비교과 영역	자율활동	• 연간 500자	• 연간 500자	• 연간 500자
	동아리 활동	• 연간 500자 • 정규·자율동아리, 청소년단체활동, 스포츠클럽활동 기재 • 소논문 기재 가능	• 연간 500자 • 자율동아리는 연간 1개 (30자)만 기재 • 청소년단체활동은 단체명만 기재 • 소논문 기재 금지	• 연간 500자 • **자율동아리 대입 미반영** • **청소년단체활동 미기재** • 소논문 기재 금지
	봉사활동	• 연간 500자 • 실적 및 특기사항	• 특기사항 미기재 • 교내·외 봉사활동실적 기재	• 특기사항 미기재 • **개인봉사활동 실적 대입 미반영** 단, **학교교육계획에 따라 교사가 지도한** 실적은 대입 반영
	진로활동	• 연간 700자	• 연간 700자 • 진로희망분야 대입 미반영	• 연간 700자 • 진로희망분야 대입 미반영
	수상경력	• 모든 교내수상	• 교내수상 학기당 1건만 (3년간 6건) 대입 반영	• **대입 미반영**
	독서활동	• 도서명과 저자	• 도서명과 저자	• **대입 미반영**

※ (미기재) 학생부에서 삭제, (미반영) 학생부에는 기재하되, 대입자료로 미전송

「대입제도 공정성 강화 방안」 내용 일부

변화되는 하나하나의 요소들은 모두 당시의 문제 상황을 바로잡기 위한 것으로 납득이 되는 부분이었어요. 하지만 결과적으로, 저 모든 변화가 합쳐진 시너지가 엄청난 역효과를 가져온 셈이었죠. 마치 여러 방향에서 물을 빠지게 만들어둔 수도관 몇 개를 막아두면 나머지 관으로 물이 몰려서 넘쳐나는 것처럼요.

자기소개서와 교사추천서를 폐지했고 학교생활기록부에서도 대입에 미반영되는 요소가 많아졌습니다. 그렇다면 대학의 입장에서는 학생들의 역량을 파악하기 위해 나머지 부분을 더욱 깊이 있게 평가할 수밖에 없어요. 대학에 제공되는 학생부 자료는 이제 교과학습발달상황과 창의적 체험활동, 행동특성 및종합의견뿐입니다.

그 와중에 전형은 수능위주전형과 학생부위주전형의 두 가지로 줄어들었고, 기회균형과 지역균형 선발 정원은 늘었어요. 자연스레 일반전형 선발 정원은 줄어들게 되었죠. 대학의 입장에서 모집 정원이 줄어들었고, 볼 수 있는 자료도 줄어든 상황에서 학생들을 평가해야 합니다. 하지만 대학에서도 요구하는 인재상을 포기할 수는 없으니, 평가 방법을 개선해야 하는 상황을 맞이하게 됐죠.

그리고 2022년, 수도권의 5개 대학*이 공동연구 결과 「학생

---

* 건국대, 경희대, 연세대, 중앙대, 한국외대

부종합전형 공통 평가요소 및 평가항목」을 제시합니다.[49] 이 자료에서 기존의 평가요소였던 '학업역량, 전공 적합성, 인성, 발전 가능성'의 네 가지를 '학업역량, 진로역량, 공동체역량'의 세 가지로 개정했어요. 이 연구에서는 학업 성취도의 의미를 '고교 교육과정에서 이수한 교과의 성취수준이나 학업발전의 정도'로 새롭게 정의했습니다. 학업 성취도의 평가는 종합적 학업능력, 추세적 발전 정도, 그리고 희망 전공과의 연계 등을 기본으로 한다며 정성평가를 강화했죠.

대학이 고등교육기관인 만큼, 고등교육을 이수하는 데 필요한 기본적인 학업 성취수준을 요구한다고 강조했어요. 문제는 전형자료의 정보 제공력이 급격하게 약화된 점과 더불어, 미래 사회를 대비하는 대학의 요구에 따라 학업역량의 평가항목도 변경되었다는 점이에요. 이 때문에 기존에 '학업성취도, 학업태도와 학업 의지, 탐구 활동'이었던 평가항목은 '학업성취도, 학업태도, 탐구력'으로 바뀌었습니다.

학생부종합전형은 교과 학습활동을 통해 드러나는 학업 관련 탐구력을 학업역량 평가의 중요한 항목으로 활용한다. **탐구력이란 어떤 대상에 대해 호기심을 가지고 깊게 꾸준히 연구할 수 있는 역량을 지칭한다.** 학업역량은 교과 학습뿐 만 아니라 관심 분야에 대한 적극적인 독서활동, 글쓰기, 탐구 및 연구 활동, 실험 실습, 교내대회 참여 등 다양한 학습경험을 통해 향상되는 것이기 때문에, 탐구력은 고차원적인 학업역량을 보여주는 필수적인 요소라 할 수 있다.

교과 영역에 대한 탐구력 평가는 특정 지식을 잘 사용할 줄 아는지와 탐구력을 신장한 과정도 평가하는데 수행평가는 그 중요한 요소가 될 수 있다. 수행평가는

「학생부종합전형 공통 평가요소 및 평가항목」 내용 일부

새롭게 강조되는 탐구력은 '어떤 대상에 대해 호기심을 가지고 깊고 꾸준히 연구할 수 있는 역량'을 말해요. 그리고 이 보고서에서 "교과 영역에 대한 탐구력 평가는 특정 지식을 잘 사용할 줄 아는지와 탐구력을 신장한 과정도 평가하는데 수행평가는 그 중요한 요소가 될 수 있다."고 언급합니다. 이 부분이 핵심이에요.

바로 이러한 이유로 수행평가가 대학입시를 위해 점차 강화되었던 거죠. 수행평가는 대학에서 학생들을 평가하기 위한 자료가 줄어든 상황에서의 대안으로써 중요한 요소가 되었어요. 이는 앞에서 본 「2002학년도 대학입시 제도 개선안」에서 강조했던 부분과도 일맥상통했고요. 사실 수행평가는 1990년대 말부터 일관되게 점차 중요시 여겨졌어요. 그런데 현재에는 그 중요도가 필요 이상으로 커져 버린 게 문제가 됐어요. 교육부에서도, 대학에서도 암기 위주, 입시 위주의 평가에서 벗어나 학생들의 역량을 보여줄 수 있는 대안으로 수행평가를 제시하기 때문이죠.

그도 그럴 게 교육부도 대학도 학생들이 응시한 시험의 점수만을 원하지 않아요. 고등학교 3년 내내, 어쩌면 그보다도 훨씬 더 긴 시간을 열심히 공부했다고 해도 그 결과가 수능 성적에 그대로 반영된다고 보긴 어렵잖아요? 만점을 받을 수 있는 학생이 컨디션 난조나 실수로 생각보다 시험을 못 볼 수도 있어요. 거꾸로, 우연히 잘 찍어서 실력 이상의 성적이 나오는 학생도 있을 수 있고요. 이 때문에 지필평가 성적의 결과는 기본으로 두고, 학습의 과정을 볼 수 있는 또 다른 요소를 찾게 되는 거죠. 그리고 학습의 과정을 평가할 수 있는 가장 좋은 방식은 역시 수행평가입니다.

앞으로 교육정책이 어떻게 바뀔지는 모르겠지만, 지금처럼 평가를 위한 교육이 되고 학생들의 학교생활을 행복하지 못하게 만들어서는 안 되겠죠. 하지만 미래 사회에 요구되는 역량을 측정하기 위해 수행평가는 앞으로도 중요하게 여겨질 것 같습니다. 그렇다면 학생들이 대비해야 하는 것은 무엇일까요? 교육부도, 대학도 강조하는 만큼, 자신의 역량을 잘 보여주는 겁니다. 누가 봐도 뽑고 싶은 인재라는 사실을 드러내려면, 주도성을 갖고 자기 생각을 표현할 수 있어야 해요.

— 점점 중요해지는 서·논술형 평가 | 외우는 공부의 한계

2023년 12월, 교육부에서 「2028 대학입시 제도 개편 확정안」을 발표했어요.[50] 2028학년도 대학입시는 2025학년도 고등학교 1학년 학생들부터 적용됩니다. 2025학년도부터 고교학점제가 시행됨에 따라 교육부에서 수능과 내신 평가 방식을 개선한 거죠. 여러 변화가 있었지만, 그중 눈에 띄는 부분은 바로 논·서술형 평가를 확대한다는 점이에요. '2028 대학입시 제도 개편 시안 개요' 부분에서도 제법 강조되어 언급되는 모습이죠.

☐ **신뢰할 수 있고 교육 혁신에 발맞춰 선진화된 내신 평가**

○ 全학년·과목에 일관된 5등급 절대평가 상대평가 병기(예체능·교양 등은 절대평가만 실시)로 성적 부풀리기 안전장치 마련 및 신뢰성 확보

– 학령인구 감소 상황에서 학생 간 과잉 경쟁을 유발하는 9등급제를 해외 주요국 추세에 맞춰 5등급제로 개편

○ 교육개혁에 따른 창의력·문제해결력 중심의 평가 혁신을 위해 논·서술형 평가를 확대하고, 교사의 평가역량 강화를 뒷받침

  * 교사 평가역량강화 연수, 국가·시도평가관리센터 중심으로 내신평가기준 개발·보급 등

「2028 대학입시 제도 개편 확정안」 내용 일부

절대평가와 상대평가를 병기하고 5등급제로 개편한다는 점은 고교학점제가 시행되면서 생긴 자연스러운 변화에요. 눈에

띄는 점은 내신 평가를 선진화하겠다고 언급되었는데, 이제까지 항상 강조되던 수행평가가 보이지 않는다는 것입니다. 그 대신 '창의력·문제해결력 중심의 평가 혁신을 위해 논·서술형 평가를 확대'한다고 하죠.

이 개편안에서 확정된 세부내용은 크게 두 가지입니다. 하나는 통합형·융합형 수능 과목체계이고, 다른 하나는 고교 내신체제 개편이에요. 고교 내신체제 개편을 위한 세부사항에는 5지 선다형으로 이루어지는 지식암기 위주의 평가를 가급적 지양하라고 나와 있어요. 하지만 이제까지의 흐름처럼 수행평가가 강조된 것은 아니었습니다. 그 대신, 사고력·문제해결력을 평가할 수 있는 논·서술형 평가를 확대하라고 되어 있죠. 그렇다면 교육부에서는 수행평가를 대체하는 방안으로 새롭게 논·서술형 평가를 도입하는 걸까요? 과연 교육부에서도 수행평가 폐지를 검토하고 있었던 것일까요?

우리나라의 교육과정은 1997년에 개정된 제7차 교육과정 이후부터 개정된 연도가 이름에 붙기 시작했어요. 제7차 교육과정 이후에는 2007년, 2009년, 2015년, 2022년에 각각 개정되었습니다. 그리고 수행평가는 2009 개정 교육과정 때부터 강조되기 시작했어요. 그와 더불어, 중요하게 여겨져 온 또 다른 평가 방식이 있습니다. 2007 개정 교육과정부터 가장 최근인 2022 개정 교육과정까지 교육과정에서 강조하는 평가 방식을 살펴볼게요.

먼저 2007 개정 교육과정에서는 선다형 일변도인 지필 검사, 즉 오늘날의 지필평가를 지양한다고 했어요.[1] 지필평가에서 흔히 객관식으로 알려진 선다형 문항만 출제하지 말라는 뜻이죠. 그 대신 서술형 주관식 평가와 표현 및 태도의 관찰 평가를 조화롭게 실시하라고 했습니다. 이때는 객관식과 주관식 평가라는 표현을 사용할 때였고, 지필평가 외의 수행평가는 언급하지 않고 있죠. 수행평가를 도입했지만, 아직 중요하게 여겨지지는 않을 때인가 봅니다.

> 라. 학교에서 실시하는 평가 활동은 다음과 같은 사항을 고려해서 이루어져야 한다.
>
> (3) 교과의 평가는 선다형 일변도의 지필 검사를 지양하고, 서술형 주관식 평가와 표현 및 태도의 관찰 평가가 조화롭게 이루어지도록 한다.

2007 개정 교육과정에서 강조하는 평가 방식

2009 개정 교육과정에서부터는 수행평가라는 명칭이 나오기 시작합니다.[52] 객관식과 주관식 평가 대신 선택형과 서답형 평가라는 용어가 쓰이기 시작한 것도 이때부터죠. 지필평가를 따로 언급하지 않고 있지만, 선택형 평가와는 다른 평가 방식을 강조하고 있는데요. 서술형이나 논술형 평가, 그리고 수행평가의 비중을 늘려서 교과별 특성에 적합한 평가를 하라

고 나와 있어요.

2009 개정 교육과정에서 강조하는 평가 방식

그다음으로 개정된 2015 개정 교육과정에서는 교수·학습과 평가가 더욱 중요하게 여겨지며, 좀 더 체계적으로 작성됩니다. 이전 교육과정에서는 한 문장 안에서 모든 것을 설명했었지만, 이를 더 세분화하기 시작했어요. 그리고 그 안에서 첫 번째로 제시되는 점이 바로 서술형과 논술형 평가 및 수행평가 비중의 확대입니다. 2009 개정 교육과정에 이어 꾸준히 강조되고 있는 부분이죠.

2015 개정 교육과정에서 강조하는 평가 방식

마지막으로 가장 최근에 개정된 2022 개정 교육과정에서는 이전에 만들어진 틀을 따르며, 보다 문장이 잘 다듬어졌어요. 학생의 개별적 특성을 중요시하는 만큼, 학습자 특성을 고려한 평가를 하라고 되어 있죠. 교과의 특성에서 이제는 학습자의 특성까지도 고려하라는 겁니다. 또 달라진 점은 수행평가를 내실화하라는 부분이에요. 그리고 여전히 서술형과 논술형 평가의 비중을 확대한다고 하죠.

> 다. 학교는 교과목의 성격과 학습자 특성을 고려하여 적합한 평가 방법을 활용한다.
>
>   1) 수행평가를 내실화하고 서술형과 논술형 평가의 비중을 확대한다.

2022 개정 교육과정에서 강조하는 평가 방식

즉, 서·논술형 평가는 갑자기 튀어나온 게 아니라 2009년부터 교육부에서 꾸준히 강조해오던 평가 방식이에요. 오히려 15년 가까이 확대하겠다고 했는데 현재까지 별로 확대되지 않았던 게 신기할 정도에요. 다만 이제까지 확대하던 수행평가는 이 이상 확대하기보다 내실화하는 데 힘쓰고, 서·논술형 평가로 눈을 돌린 것뿐이죠.

그리고 2025년 1월 20일에 시행된 제42차 국가교육위원회 회의에서는 수능에 논·서술형 문항을 도입해야 한다는 의견에 국민참여위원의 60%가 동의했어요.[53] 이후 1월 21일,

‘2032 대입개편(안)’ 발표 주체인 경기도교육청 임태희 교육감은 2032학년도 수능부터 절대평가로 바꾸고 서·논술형 평가를 도입하는 방안을 발표했습니다.[54] 2032학년도 수능에 적용하기 위해 2026학년도 중학교 1학년부터 내신에 서·논술형 평가를 확대하겠다는 계획도 밝혔어요.

국가교육위원회에서는 이 방안을 포함해 중장기 국가교육발전계획 시안을 5월 중에 발표하기로 했었는데요. 5월 30일에 이루어진 제53차 회의에서는 시안이 비공개로만 발표되었어요.[55] 그리고 7월 18일에 이루어진 제57차 회의까지도 여전히 비공개로 발표되었습니다.[56] 아무래도 세부적인 사항을 정하기가 쉽지 않은 것으로 보이죠. 하지만 그만큼 2032 수능에서는 서·논술형 평가가 도입될 것이고, 이를 위해 내신에서도 점차 서·논술형 평가가 확대될 것으로 생각하는 게 좋을 것 같습니다.

그리고 각 시·도별로 2025학년도부터 내신에서 서·논술형 평가를 강조하기 시작했어요. 서울특별시교육청에서는 2024년 12월, 「2025학년도 중등 학생평가 내실화 계획」을 발표했어요.[57] 이 자료에는 학기 단위 성적에서 서·논술형 평가를 중학교는 30%, 고등학교는 25% 이상 반영하도록 권장하고 있어요. 하지만 그 외의 지역에서는 필수로 반영하기 시작한 곳이 많습니다.

특히 경기도교육청에서는 2025년 2월, 「2025학년도 중·고
등학교 학업 성적관리 시행지침」을 공개했는데요.[58] 서술형
평가를 고려할 필요도 없이 오로지 논술형 평가를 필수적으
로 반영하도록 제시했어요. 중학교의 경우 학기 단위 성적의
40% 이상, 고등학교의 경우 35% 이상 반영하게 되어 있어요.
체육·예술(음악, 미술) 교과는 제외하는 게 아니라 20% 이상 반
영하라고 할 정도로 강력한 편이에요. 하지만 지필평가에 서·
논술형이 필수로 반영되지는 않았어요.

수도권 외의 지역 중에서는 대표적으로 제주특별자치도교
육청이 2025년 3월에 공개한 「2025학년도 학업 성적관리 시
행지침(중학교,고등학교)」을 살펴볼게요.[59] 고등학교의 경우는 국
어, 수학, 영어, 한국사, 사회(역사/도덕 포함), 과학 교과의 과목
에서 서·논술형 평가를 학기 성적의 20% 이상 반영해야 해요.
제주특별자치도교육청은 2032 수능을 신경 써서 그런지 오히
려 중학교에서 더 강하게 반영하는데요. 중학교는 체육·예술
교과와 선택 교과를 제외하고 서·논술형 평가를 학기 성적의
30% 이상 반영해야 합니다. 게다가 1학년의 경우, 자유 학기
를 제외한 2학기에 국어, 사회(역사 포함), 수학, 과학, 영어 교과
는 서·논술형 평가를 지필평가 내 10% 이상 필수로 출제해야
해요.

이렇게 이제까지 수행평가가 꾸준히 강조됐던 것처럼, 앞으

로는 서·논술형 평가가 강조될 전망이에요. 서·논술형 평가는 학습한 지식과 개념, 원리 등을 바탕으로 자기 생각을 글로 표현해야 하는 평가 방식이죠.

그중 서술형 문항은 나름대로 수렴형이거나 짧은 문장으로 작성할 수 있어요. 이 문항에서는 개념과 문제 유형을 외워서 푸는 등의 공부 방법으로 어느 정도 해결할 수 있을 겁니다. 하지만 과목에 따라, 영역과 형식에 따라 이 방법으로 해결할 수 없는 문제도 나올 거에요. 가령, 국어 시험에서 제시된 지문을 읽고 타당한 결론을 도출한다거나, 사회 시험에서 두 집단의 주장을 보고 찬성하는 쪽을 택해 주장하는 글을 쓰거나 할 수 있죠. 이런 문제에서는 처음 보는 지문이 나오면 사전에 외운 내용이 무용지물이 될 거에요.

논술형 문항에서는 보통 하나의 정답만 있기보다, 자신의 주장과 근거를 바탕으로 문항에서 요구하는 바를 만족한다면 여러 정답이 나올 수도 있어요. 한두 문장 단위가 아니라 여러 문단을 포함한 한 편의 글로 작성해야 하기도 하죠. 이런 문제 유형은 외우는 방식의 공부로는 해결하기 어려워요.

서·논술형 평가에서 문제를 해결하기 위해서는 단지 개념을 외우기만 하는 게 중요하지 않아요. 외운 개념은 금방 잊혀지기 마련이고, 핵심 개념을 이해하지 못한다면 활용도도 낮은 기억이에요. 자기 생각을 글로 표현하기 위해서는 개념을 깊이 있게 이해하고, 생각하는 힘을 길러야 합니다.

에코백(Eco Bag)은 원래 플라스틱 봉투 대신 재사용할 수 있는 가방이라는 친환경적인 개념으로, 환경보호의 상징이었습니다. 하지만 시간이 지나, 여러 브랜드나 행사에서 굿즈로 무분별하게 제작하며 오히려 더 많은 자원을 낭비하게 되었죠. 외우는 공부 또한 시간이 지나고 시대가 바뀌며 그 의미와 강점을 잃어가고 있습니다.

나에게 맞는 공부 방법을 전략적으로 설계하기

3장

점수 줄 세우기는 의외로 공정하지 않다.

— 과도하게 받는 사교육 | 뒤처지지 않으려는 몸부림

국회도서관은 2025년 7월, 사교육과 공교육을 비교하는 자료를 발간했어요.[60] 이 자료에서 우리나라의 2024년 사교육비는 29조 원이 넘었다고 하죠. 우리나라 학생 1인당 공교육비는 몇 년 동안이나 OECD 평균보다도 한참 높지만, 그런데도 우리나라 사교육의 규모는 매년 증가하고 있다고 합니다. 이는 대한민국헌법 제31조 제1항 '모든 국민은 능력에 따라 균등하게 교육을 받을 권리를 가진다.'가 흔들릴 정도의 사회 구조적 문제라고 일침을 가했어요.

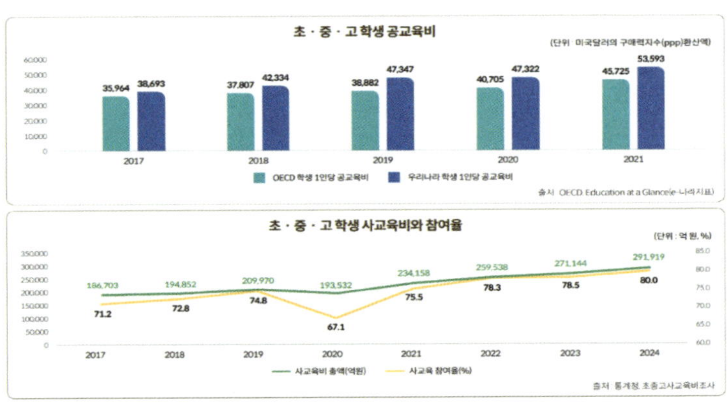

* 2020년도 통계 수치가 대체로 낮은 것은 코로나19 영향으로 보임.
** OECD 「Education at a Glance」의 공교육비는 2021년도까지만 발표되어 있음.

[출처 | 황정근 (2025.7.2.)]

앞서 언급한 「5.31 교육개혁안」에 따르면, 1994년 사교육비 총액은 무려 17조 4,640억 원으로 국민총생산(GNP)의 약 5.8% 규모였어요. 하지만, 1994년 국가 교육예산은 11조 5,595억 원으로 당시 GNP의 약 3.8% 규모였습니다. 같은 해인 사교육비 총액이 국가 교육예산의 약 1.5배 정도나 되는 엄청난 규모였던 거죠.

그리고 30년이 흘러 2024년, 초·중·고 사교육비 총액은 약 29.2조 원으로, 학생들의 사교육 참여율은 80.0%나 된다고 합니다.[61] 주당 참여시간은 7.6시간으로, 하루에 평균 약 1.1시간씩 사교육을 받는다고 볼 수 있습니다. 2023년에 비해서는 사교육비 총액이 약 7.7%, 사교육 참여율은 1.5%P, 주당 참여시간은 0.3시간 증가했다고 분석되었어요.

우리나라 초·중·고 학생의 사교육 현황

[단위 : 억원, 만원, %]

	2024					
	사교육비 총액(억원)	전체학생1인당 연평균사교육비(만원)	전체학생1인당 월평균사교육비(만원)	참여학생1인당 월평균사교육비(만원)	사교육 참여율(%)	전체학생주당 사교육참여시간
전체	291,919	568.9	47.4	59.2	80.0	7.6
초등학교	132,256	530.2	44.2	50.4	87.7	7.8
중학교	78,338	587.8	49.0	62.8	78.0	7.8
고등학교	81,324	623.8	52.0	77.2	67.3	6.9
- 일반고	78,583	704.1	58.7	79.9	73.4	7.7

▸ **출처:** 통계청 초중고 사교육비조사 결과

2024년 초중고 사교육비 조사 결과 [출처 | 통계청 (2025.3.13.)]

　1994년에 17.5조 원이었던 사교육비 총액이 30년 후인 2024년에 29.2조 원으로 기존 대비 약 67%나 상승했어요. 하지만 1994년에 384조 9,966억 원이었던 국내총생산(GDP)은 2024년에 2,556조 8,574억 원으로 집계되었어요.[2] 같은 기간 동안 약 564%나 상승했습니다. 이에 비하면 사교육비는 그렇게 오르지 않은 것처럼 보이기도 해요. 게다가, 교육부에서 발표한 2024년 교육예산은 95조 7,888억 원이었습니다.[63] GDP가 약 6.6배 오르는 동안 교육예산은 약 8.3배 상승한 거죠. 1994년 교육예산의 1.5배였던 사교육비는 2024년에 오히려 교육예산의 약 0.3배밖에 되지 않을 정도로 생각보다 별로 오르지 않았어요.

단위 | 십억 원

구분	1994년	2024년	변동비율
국내총생산(GDP)	384,996.6	2,556,857.4	6.64배
교육예산	11,559.5	95,788.8	8.29배
사교육비	17,464.0	29,191.9	1.67배

　그렇다면 헌법이 보장하는 기본권이 흔들릴 정도로 사교육비가 늘었다고 할 수 있을까요? 규모가 매년 상승하긴 했지만, 국내총생산과 물가상승률을 감안하면 30년 동안 오히려 2

배도 채 안 되게 오른 정도입니다. 하지만 사교육 시장은 확실히 그 규모가 엄청나게 커지고 있죠. 사교육비가 증가한 정도는 왜 피부로 와닿는 것보다 한참 적은 수치를 기록하고 있을까요?

2024년 초·중·고 사교육비를 집계한 방식을 살펴보죠. 조사는 전국의 3,000여 개 학교의 7만 4,000여 명의 학생을 표집하고, 학부모와 담임교사의 응답으로 이루어졌어요. 사교육비 총액은 학원과 개인과외, 그룹과외, 방문학습지, 인터넷 강의 등 학교 외의 보충 교육에 지출된 모든 비용이 포함됩니다. 학교에서 이루어지는 방과후학교 참여비, EBS 교재비 등은 사교육비와 별도로 조사됐어요. 게다가 당연한 결과 같지만, 소득이 높은 가정의 사교육비 지출도 많은 경향이 보였어요.

추측해보자면, 과연 설문 조사 결과에 모든 사람이 성실하게 사실 그대로 응답했다고 볼 수 있을까요? 특히 요즘에는 복잡하고 자꾸 바뀌는 대학입시 전형에 대한 정보와 양도 많고 수준 높은 수행평가 때문에 힘들어하는 학생들이 많죠. 사교육은 어디까지나 수요자인 학생들에게 맞춤형 서비스를 제공하는 사업입니다. 실제로 여러 매체에서 다양한 분야를 막론하고 고액의 학원과 과외, 컨설팅이 있다는 말은 곳곳에서 심심찮게 들리죠.

2018년에 방영된 JTBC 드라마 'SKY 캐슬'에서는 대한민국

상위 0.1%의 사람들의 모습을 다뤘는데요. 특히 극 중 김주영 입시 코디네이터는 서울대학교 입학사정관 출신으로 성공률 100%를 자랑해 수십억의 몸값으로 유명했어요. 2023년에 방영된 tvN 드라마 '일타 스캔들'에서는 대한민국 수학 일타강사의 모습을 다뤘죠. 극 중 최치열 수학 일타강사가 만들어내는 경제적 가치가 1조 원에 육박해 별명도 1조 원의 남자였어요. 물론 드라마지만, 많은 사람은 고액의 사교육을 마냥 비현실적인 판타지로만 보지 않았죠.

실제로 현재 대한민국의 수능 1타로 불리는 강사들의 연봉은 100억 원 이상으로 알려져 있어요. 수학 1타로 알려진 정승제 강사는 2021년에 연봉이 메이저리그 선수와 비슷한 400억 원 정도라고 밝히기도 했어요.[64] 사회탐구 1타 이지영 강사도 연봉이 100억 원을 넘는다고 했고, 또 다른 수학 1타 현우진 강사는 수십억 원에 달하는 미술품을 수집한다고 했습니다. 이 뉴스 기사가 2021년에 나왔으니, 현재 어느 1타 강사의 연봉이 얼마나 올랐을지 예측하기는 어렵지만, 연봉 100억 원 이상의 강사가 여럿 있다고 봐야겠죠.

통계는 객관적인 자료를 제공하지만, 해석의 객관성을 위해서는 신뢰도와 타당도가 상당히 중요합니다. 설문 조사를 할 때는 전체를 대표할 수 있도록 표집을 했는지, 설문 문항이 타당한지 등이 중요하죠. 특히 응답자가 솔직하게 답변하기 불편한 몸무게, 개인소득, 부채 정도 등의 민감한 사항은 조심히 다뤄져야 해요. 물론 사교육비를 집계하기 위한 최선의 방식이었겠지만, 상식과 너무나도 동떨어진 결과는 의구심을 갖고 볼 필요가 있습니다.

이러한 관점에서 사교육비와 소득은 얼마든지 줄여서 말할 수 있을 것으로 생각됩니다. 하지만 사교육 참여율과 주당 참여시간은 상대적으로 사실에 가까울 가능성이 크다고 생각해요. 남들도 대부분 하는 것으로 알려진 사교육에 참여한다는 사실을 숨길 필요가 없을 테니까요. 그리고 주당 참여시간도 학생이 공부를 열심히 하고 있다는 것을 보여주는 지표로 여겨 숨기지 않을 것으로 보여요.

2022 개정 교육과정을 기준으로 고등학교에서는 고교학점제가 도입되며 3년 동안 192학점 이상을 이수해야 합니다. 이를 6학기로 나누면 한 학기에 32학점을 이수해야 해요. 이는 주당 수업시수와 같은 개념이죠. 중학교에서 학생들은 3년 동안 3,366시간의 수업을 받아야 해요. 이를 6학기로 나누면 한 학기에 561시간이고, 한 학기는 17주 단위이니 매주 33시간 이상의 수업을 받아야 하죠. 이 주당 학교 수업시간에 평균적인 사교육 참여시간인 7.6시간을 더해볼게요. 그러면 중학교의 경우 주당 40.6시간, 고등학교의 경우 주당 39.6시간이라는 계산이 나옵니다. 이는 심지어 과제 수행 등의 개인 공부시간은 고려하지 않은 수치에요.

근로기준법 제50조 제1항에 따르면 1주간의 근로시간은 휴게시간을 제외하고 40시간을 초과할 수 없어요. 사교육비가 얼마인지는 둘째치고, 학생들의 기본적인 학습시간이 성인의 근로시간에 육박한다는 것은 심각한 일이죠. 대한민국헌법 제10조 '모든 국민은 인간으로서의 존엄과 가치를 가지며, 행복을 추구할 권리를 가진다.'가 지켜질지도 의문일 정도에요.

많은 학생이 이만큼의 사교육을 받는다는 것은, 거꾸로 생각해 보면 사교육을 받지 않을 때 더 힘들기 때문이겠죠. 성인의 근로시간과 비슷하거나 그 이상의 시간 동안 공부를 하는 학생들은 상상 이상으로 힘들 거에요. 사교육을 과하게 받는다는 건, 곧 뒤처지지 않기 위해, 점수 줄 세우기에서 지지 않기 위해 몸부림친다는 게 아닐까요? 남들이 하는 만큼은 해야 적어도 뒤처지지 않을 거라는 사회의 인식은 학생들에게 보이지 않는 채찍질을 얼마나 가하고 있을까요. 한창 놀고 쉬어야 할 나이에 뒤처지지 않을까 걱정하며 공부하는 그 마음은, 과연 어떨까요.

입시와 경쟁 위주의 사회에서 사는 우리나라 학생들은 힘든 공부를 하루하루 이어가고 있어요. 그렇지만 미성년자인 학생들이 이렇게까지 학업 스트레스를 받는 게 과연 정상적인 걸까요? 전 세계 어느 나라에서나 미래 사회를 대비하기 위해 힘쓰고 있는 AI 시대입니다. 만약 이러한 현상이 정상적이라면 다른 나라에서도 학생들은 학업량으로 힘들어하고 있겠죠. 급변하는 미래 사회에서 살아가기 위해 많은 학업량은 어쩔 수 없는 것일까요?

2016년, 연세대학교 사회발전연구소에서는 한국 어린이와 청소년의 행복지수에 관한 연구 결과를 발표했어요.[65] 우리나라 학생들의 행복지수를 OECD 국가들과 비교한 결과인데요. 연구 결과 한국 어린이와 청소년들의 '주관적 행복' 지수가 OECD 꼴찌였다고 해요.

연구는 2016년 3~4월에 걸쳐 제주도를 제외한 전국 초등학교 4학년부터 고등학교 3학년까지의 학생을 대상으로 이뤄졌어요. 유효표본 수는 총 7,908명으로 초등학생이 2,359명, 중학생이 2,538명, 그리고 고등학생이 3,011명이었습니다. '주관적 행복' 영역은 주관적 건강, 학교생활 만족, 삶의 만족 척도, 부정적 생각을 지표로 측정되었는데요. 2009년부터 2015

년까지 꾸준히 상승하던 '주관적 행복' 지수는 2016년에 다시 줄어들며 OECD 국가 중 최하위를 기록했습니다. 2016년 우리나라 어린이·청소년의 주관적 행복지수는 82점으로, 22개국 중 22위였죠. 118점의 수치로 1위를 기록한 스페인과 비교하면 꽤 큰 차이입니다.

순위	2016년 OECD 국가의 주관적 행복지수	
1위	스페인	118
2위	스위스	113
3위	오스트리아	113
⋮	⋮	⋮
20위	캐나다	88
21위	체코	85
22위	대한민국	82

그리고 7년 후인 2023년 11월, 프랑스 교육제도 국가연구센터인 CNESCO에서 한국 학생들의 행복감과 주관적 웰빙(Well-being) 수준이 OECD 최하위라고 발표되었어요.[66] 이 발표에는 사전에 이루어진 국제 조사 결과들을 바탕으로 정리한 내용이 소개되었는데요. OECD 2012년 조사에 따르면 학생들이 학교에서 느끼는 행복감이 당시 조사된 나라 중 64위였고, 당시 OECD 34개국 중 34위였다는 점을 언급했어요. 한국의 어린이·청소년의 주관적 웰빙 지수는 8.41점이었고, 이는 OECD

35개국의 평균인 8.78점보다 한참 낮은 점수로 31위를 기록했습니다.

어린이와 청소년들의 행복감과 만족감을 낮추는 이유 중 하나는 과도한 사교육 때문이라고 발표되었어요. 우리나라의 경우 고등학생의 65%가 하교 후 사교육에 참여한다고 알려졌어요. 반대로 가족과 함께 보내는 시간은 하루 평균 1시간 미만이라고 합니다. 학업에 대한 압박감이 커지며 학교생활에 대한 만족도도 낮다고 해요.

무엇보다 우리나라 학생들의 낮은 주관적 웰빙 지수에 영향을 미치는 가장 중요한 원인 중 하나로 강조된 게 있는데요. 학생이 보내는 시간은 대부분 부모가 결정함으로써 선택의 자율성을 존중받지 못하기 때문이라고 해요. 학생들은 매일 열심히 공부만 하고, 전혀 놀지 못하는 현실에서 힘들어하고 있다고 하죠.

세계적으로 높은 신뢰도와 타당도를 인정받는 국제 학업성취도 평가인 PISA* 2022에서도 학생들의 행복감 등을 조사했는데요.[67] 2022년 동안 81개 OECD 회원국과 협력국의 만 15세 학생들 약 70만 명을 대상으로 이루어졌어요. 이 조사 결과 한국 학생들의 22%는 자기 삶이 불만족스럽다고 답했고, 이는 평균인 18%보다 꽤 높은 수치입니다. 한국 학생들의 삶의 만족도를 나타낸 지수는 6.36점으로, 73개국 중 66위를

---

* OECD's Programme for International Student Assessment

기록했습니다. 38개 OECD 회원국 중에서의 순위는 제공되지 않지만, 전체에서 하위권이니 OECD 국가 중 최하위권인 것은 분명하죠. 학생들은 왜 이렇게 삶에 만족하지 못할 정도로 공부해야 할까요?

우리나라에서 학생들이 이렇게나 공부에 열중하는 이유는 아무래도, 대학입시 때문이겠죠. 그렇다면 학생들은 구체적으로 얼마나 공부해야 할지 잠깐 들여다볼게요. 많은 사람이 우리나라 최고의 대학으로 꼽는 서울대학교의 2026학년도 대학 신입 학생 입학전형 시행계획을 살펴보겠습니다.[68]

2026학년도 서울대학교에서는 정원 내 모집 정원을 3,556명으로 두었어요. 수시모집에는 지역균형전형(509명), 일반전형(1,515명), 기회균형전형(179명)으로 총 2,203명(62%)이 있습니다. 정시모집 '나'군에는 지역균형전형(152명), 일반전형(1,201명)으로 총 1,353명(38%)이 있죠. 이중 수시모집과 정시모집 '나'군의 일반전형에서 전형요소와 배점을 살펴볼게요.

학생부종합전형인 수시모집 일반전형에서는 미술대학 디자인과와 사범대학, 음악대학 국악과를 제외한 전 모집단위의 전형요소와 배점이 동일합니다. 1단계는 서류평가 100점으로 이루어져 2배수를 뽑고, 2단계는 1단계 성적 100점과 면접 및 구술고사 100점으로 이루어져 있어요. 수시모집에서 서류평가는 '학업능력, 자기 주도적 학업태도, 전공 분야에 관한 관심, 지적 호기심 등 창의적 인재로 발전할 가능성을 종합적으로 평가'합니다.[69] 즉, 수시모집 일반전형에서 합격하려면 학교생활기록부에서 학업능력, 자기 주도적 학업태도, 전공 분야에 관한 관심, 지적 호기심이 드러나야 하죠.

학교생활기록부에서 대학입시에 제공되는 자료는 교과학습발달상황과 창의적 체험활동, 행동특성및종합의견이 전부에요. 행동특성및종합의견은 1년 동안 관찰된 학생의 종합적이고 총체적인 내용이 들어가고, 그래서 인성도 많이 드러나는 편이에요. 창의적 체험활동에는 자율활동, 동아리활동, 봉사활동, 진로활동이 있어요. 실적만 반영되는 봉사활동에서는 이러한 능력을 드러낼 수 없죠. 즉, 학생들이 역량을 보여줄 수 있는 것은 교과학습발달상황의 교과성적과 세부능력및특기사항, 창의적 체험활동의 자율활동, 동아리활동, 진로활동이 전부인 셈이에요. 교과성적은 학기가 끝날 때마다 점수가 산출되고, 더 이상 손을 쓸 수 없어요. 하지만 특기사항은 다르죠. 특기사항은 학생들의 역량을 더욱 잘 드러낼 수 있도록 학년도 말까지도 꾸준히 탐구가 계속되는 경우가 많아요.

학생들은 대학에서 뽑고 싶은 창의적 인재로 보이도록 특기사항을 위해 갖가지 노력을 다해야 하는 상황입니다. 과목별 세부능력및특기사항을 위해 여러 과목의 수행평가를 모두 잘 해내야 하죠. 그로도 모자라 개인별 세부능력및특기사항을 위해 수업량 유연화 주간 과제까지 수행하기도 해요. 연구 보고서(소논문)를 작성하기 위해 수학과제 탐구, 사회문제 탐구 등의 과목을 일부러 골라서 이수하기도 합니다. 여기에서 끝나지 않고, 창의적 체험활동에서도 탐구역량을 드러내기 위해 자율탐구활동도 수행하죠.

자율탐구활동은 '학생들이 자율적으로 주제 선정부터 보고서 작성까지 전 과정을 수행하는 일련의 활동'을 말합니다.[0] 학교생활기록부에 기재되는 특기사항 때문에 학생들은 더욱 복합적인 문제 상황을 창의적으로 해결하려 노력해요. 하지만 자율탐구활동은 과하면 사교육으로도 이어질 수 있어서 학교생활기록부 기재에 여러 제한이 있을 정도에요. 자율탐구활동의 경우 '정규교육과정 이수 과정에서, 사교육 개입 없이, 학교 내에서, 학생 주도로 수행'한 활동만 기재할 수 있습니다. 게다가 정규교육과정 중에 이루어진 활동임을 증빙하기 위한 자료도 학교에서 보관해야 해요.

수시모집을 노리는 학생들이라면 내신 관리를 위해 지필평가와 수행평가 성적을 모두 잘 받아야 합니다. 공부를 잘하는 학생들이 많이 몰리는 고등학교에서는 경쟁이 치열해지니 당연히 좋은 성적을 받는 게 더 어렵죠. 그럼에도 불구하고 그런 고등학교에 가려는 이유가 바로 학교생활기록부 특기사항 때문이에요. 열심히 하려는 학생들이 많은 학교일수록 더욱 많은 프로그램이 개설되고, 학생들의 탐구를 도와줄 기회가 많아지기 마련이거든요.

　수행평가의 경우 점수만 잘 받기 위해서라면, 지금처럼 많은 학생이 힘들어하지 않았을 거에요. 좋은 성적을 받기 위해 노력하는 학생들은 단지 평가요소를 만족시켜 고득점을 받는 데 그치지 않습니다. 내신 관리를 한다는 것은 수시모집을 준비한다는 것이고, 그러려면 특기사항도 우수하게 작성되어야 해요. 그 때문에 더욱 어렵고 복잡한 과제에서 좀 더 나은 모습을 보여주려 노력하게 되는 거죠. 수능 준비를 제외하더라도 해야 할 게 이렇게 많다는 현실이 학생에게는 너무나도 무거운 짐으로 다가올 거에요.

수시모집을 준비하는 학생들은 3년 동안 학교에서 이루어지는 모든 지필평가와 수행평가에서 우수한 성적을 받아야 합니다. 미성년자인 고등학생에게 3년 동안의 평가에서 단 몇 차례의 실수도 허용되지 않는 현실이에요. 그러고도 모자라 자율탐구활동, 연구 보고서 등을 작성함으로써 자신의 창의적인 탐구력을 드러내야 하죠.

이러한 어려움 때문에 고등학교를 자퇴하고 검정고시에 합격한 후, 수능을 노리는 학생들의 수는 갈수록 늘고 있어요. 2024년 10대(만13~19세) 고졸 검정고시 응시자는 1회차(4월)에 16,332명이, 2회차(8월)에 17,676명이 응시했어요.[71] 2024년에만 총 34,008명으로 역대 최다 규모가 집계된 거죠. 전국 고등학생 학업중단율도 2020년 이후 꾸준히 증가해 2024년에는 총 25,915명으로 2%나 되는 학생들이 학교를 떠났습니다. 심지어 내신성적이 평균 1.8등급으로 상당히 높은 편인데도 의대에 수시모집으로 합격하기 어려워 자퇴를 하는 학생들도 있다고 해요.[72]

교육기본법 제2조에는 '교육은 홍익인간의 이념 아래 모든 국민으로 하여금 인격을 도야하고 자주적 생활능력과 민주시민으로서 필요한 자질을 갖추게 함으로써 인간다운 삶을 영위하게 하고 민주국가의 발전과 인류공영의 이상을 실현하는 데에 이바지하게 함을 목적으로 한다.'고 되어 있어요. 교육은 단지 우수한 성적을 잘 받기 위한 게 아니라 민주시민으로 살아가기 위한 자질을 기르기 위해 중요합니다. 또한, 같은 법 제9조 제3항에는 '학교교육은 학생의 창의력 계발 및 인성 함양을 포함한 전인적 교육을 중시하여 이루어져야 한다.'고 명시되어 있어요. 이 조항에서 학교에서 이루어지는 교육의 방향성이 전인적 성장을 목표로 해야 한다고 설명하죠.

이를 위해 초·중등교육법 제23조 제1항에는 '학교는 교육과정을 운영하여야 한다.'고 나와 있습니다. 같은 법 제23조 제2항에는 '국가교육위원회는 제1항에 따른 교육과정의 기준과 내용에 관한 기본적인 사항을 정하며, 교육감은 국가교육위원회가 정한 교육과정의 범위에서 지역의 실정에 맞는 기준과 내용을 정할 수 있다.'고 명시되어 있어요. 이 조항에 따라 교육부에서 고시한 국가 수준의 교육과정이 2022 개정 교육과정입니다.

교육과정 총론에서는 초·중등학교에서 운영해야 할 학교 교육과정의 공통적이고 일반적인 수준을 국가적인 수준에서 제시해요. 교육과정은 미래 사회가 요구하는 핵심역량을 함양하여 포용성과 창의성을 갖춘 주도적인 사람으로 성장하게 하는 데 중점을 둔다고 강조합니다. 이를 위한 교육과정 구성의 중점에는 학생들이 모두의 행복을 위해 서로 존중하고 배려하며 협력하는 공동체 의식을 함양해야 한다는 내용이 포함되어 있어요. 하지만 이와 달리 우리나라 학생들의 행복도와 삶의 만족도는 매우 낮은 편입니다. 또 다른 내용에서는 학교, 교육부 등 교육 주체들이 학습자의 특성과 학교 여건에 적합한 학습이 이루어질 수 있도록 해야 한다고 합니다. 하지만 학교 교육이 학생들에게 도움이 되지 않는다며 학생들이 스스로 떠나게 될 정도라면 지금의 교육은 과연 무엇을 위한 것일까요.

> 나. 학생 개개인의 인격적 성장을 지원하고, 사회 구성원 모두의 행복을 위해 서로 존중하고 배려하며 협력하는 공동체 의식을 함양한다.
>
> 사. 교육과정 자율화·분권화를 기반으로 학교, 교사, 학부모, 시·도 교육청, 교육부 등 교육 주체들 간의 협조 체제를 구축하여 학습자의 특성과 학교 여건에 적합한 학습이 이루어질 수 있도록 한다.

교육과정이 추구하는 인간상은 '자기 주도적인 사람, 창의적인 사람, 교양 있는 사람, 더불어 사는 사람'입니다. 교육과정에서는 이 인간상을 구현하기 위해 교과 교육과 창의적 체험 활동을 포함한 학교 교육의 전 과정을 통해 핵심역량의 함양을 강조해요. 2022 개정 교육과정 총론 핵심역량은 총 6가지입니다. '자기관리 역량, 지식정보처리 역량, 창의적 사고 역량, 심미적 감성 역량, 협력적 소통 역량, 공동체 역량'이죠.

종합해 보자면 우리나라에서 교육은 학생들에게 인격을 도야하고 민주시민으로 살아가기 위한 자질을 갖기 위해 존재해요. 학생의 창의력 계발 및 인성 함양을 포함한 전인적 교육을 위해 학교가 존재합니다. 학교에서는 교육과정을 운영하고, 국가에서는 학교 교육과정의 공통적이고 일반적인 수준을 제시하죠. 그리고 국가 수준의 교육과정에서는 홍익인간의 이념 아래 학생들이 나아가야 할 방향으로써 추구하는 인간상을 제시해요. 그리고 학교 교육의 전 과정을 통해서 이 인간상을 구현하기 위해 함양해야 할 핵심역량을 길러야 합니다. 학교는 이러한 목적으로 존재하고, 학교 교육은 결국 학생들에게 이 핵심역량을 길러주기 위해 노력해야 해요.

그렇다면 학교를 떠나고 검정고시와 수능을 준비하는 학생들은 이러한 핵심역량을 어디서 어떻게 길러야 할까요? 학교 교육을 남들만큼 이수하지 못한 학생들은 그만큼 민주시민으로서의 역량이 계발되지 않았다고 봐야 할까요. 그리고 거꾸로, 학교 교육을 충실히 이수하고 고등학교를 졸업하는 학생들은 이 핵심역량을 모두 잘 함양하고 있다고 볼 수 있을까요? 학교 교육의 목적이 핵심역량의 함양이라면, 고등학교를 졸업하는 학생들의 핵심역량이 잘 계발되었는지도 확인해야겠죠.

초·중등교육법 제9조제3항에 따르면 '교육감은 교육행정의 효율적 수행 및 학교 교육능력 향상을 위하여 그 관할하는 교육행정기관과 학교를 평가할 수 있다.'고 되어 있어요. 학교 교육능력 향상을 위하여 평가한다면 먼저 학생들이 이 학교에서 핵심역량을 얼마나 잘 함양했는지 확인해야 하지 않을까요? 존재 목적을 제대로 달성했는지가 중요할 테니까요.

그렇다면 고등학교를 졸업하는 학생들의 핵심역량이 잘 함양되었는지 최종적으로 확인하려는 방법이 필요합니다. 현재 우리나라의 교육제도 중에서 이 역할을 가장 잘 수행할 수 있는 것은 아무래도 대학수학능력시험, 즉 수능일 거에요. 수능의 존재 목적은 학생들이 대학에 진학할 때의 수학능력을 평가하기 위함이죠. 대학에 진학할 때의 수학능력이란, 교육과정에서 강조하는 핵심역량이 될 거에요. 고등학교를 졸업하고 대학교에 진학하려면 고등학교에서 배우고 익힌 능력을 대학에서 활용할 수 있어야겠죠. 즉, 대학에서는 학생들이 초·중·고를 거쳐 핵심역량을 제대로 함양했는지를 바탕으로 평가해야 학교급 간의 연결이 자연스럽게 이뤄집니다. 수능은 과연 핵심역량을 잘 평가하는 시험일까요?

자기관리 역량은 '자아정체성과 자신감을 가지고 자신의 삶과 진로를 스스로 설계하며 이에 필요한 기초능력과 자질을 갖추어 자기 주도적으로 살아갈 수 있는 역량'이에요. 수능 시험에서 고득점을 받기 위해서는 그만큼 필요한 능력과 자질을 갖춰야겠죠. 자신에게 맞는 공부 방법을 스스로 설계하고 시간을 관리하며 공부해야 합니다. 시험 중 시간 조절을 하는 것조차도 자기관리에 속하죠. 자기관리 역량이 낮은 학생이 수능을 잘 볼 수는 없을 거에요.

지식정보처리 역량은 '문제를 합리적으로 해결하기 위하여 다양한 영역의 지식과 정보를 깊이 있게 이해하고 비판적으로 탐구하며 활용할 수 있는 역량'이에요. 이름을 보면 인터넷이나 책 등에서 지식과 정보를 찾아서 처리해야 할 것 같지만, 꼭 그렇지도 않죠. 이 역량은 주어진 지식과 정보를 이해하고 활용함으로써 문제를 해결하는 능력을 말해요. 시험 문제에 주어진 정보를 파악해 문제를 해결하는 수능에서 꼭 필요합니다.

창의적 사고 역량은 '폭넓은 기초 지식을 바탕으로 다양한 전문 분야의 지식, 기술, 경험을 융합적으로 활용하여 새로운 것을 창출해내는 역량'이에요. 국어 영역의 비문학 지문에 딸린 문제에서 여러 분야의 지식을 활용하겠지만, 새로운 것을 창출해내진 않아요. 창의적 사고는 답이 정해진 수렴형 발문이 아닌, 확산형 발문에서 드러납니다. 변별력과 객관성 때문에 선택형 문제로 이루어진 수능에서는 창의적 사고 역량을 측정할 수 없겠죠.

심미적 감성 역량은 '인간에 대한 공감적 이해와 문화적 감수성을 바탕으로 삶의 의미와 가치를 성찰하고 향유하는 역량'이에요. 국어 영역에 문학 작품이 나오긴 하지만, 수능 문제에서는 감상보다 이성적이고 논리적인 해석이 중요하죠. 그래서 수능으로 심미적 감성 역량을 측정한다고 보기는 어렵습니다.

협력적 소통 역량은 '다른 사람의 관점을 존중하고 경청하는 가운데 자기 생각과 감정을 효과적으로 표현하며 상호협력적인 관계에서 공동의 목적을 구현하는 역량'이에요. 협력적 소통 역량을 측정하려면 다른 사람과 어떻게 소통하는지를 봐야 할 거에요. 하지만 수능은 학생이 시험 중 다른 사람과 눈짓, 손짓만 주고받아도 부정행위로 간주될 수 있죠. 이런 폐쇄적인 시험 환경에서 협력적 소통을 측정한다고도 보기 어려워요.

공동체 역량은 '지역·국가·세계 공동체의 구성원에게 요구되는 개방적·포용적 가치와 태도로 지속 가능한 인류 공동체 발전에 적극적이고 책임감 있게 참여하는 역량'이에요. 냉정하게 말해 수능은 다른 사람과 함께 나아가기보다는 다른 사람보다 자신이 더 잘해야 하는 시험이죠. 인류 공동체 발전이 아니라 자신만의 발전을 이뤄야 유리한 시험입니다. 게다가 수능이 공동체 역량을 측정한다면 많은 학생이 공동체인 학교를 떠나서 혼자 공부할 리도 없겠죠. 이런 이유로 공동체 역량을 측정한다고 보기도 어렵습니다.

즉, 수능에서는 교육과정의 6가지 핵심역량 중 자기관리 역량과 지식정보처리 역량의 2가지를 측정한다고 할 수 있어요. 하지만 창의적 사고 역량, 심미적 감성 역량, 협력적 소통 역량, 공동체 역량의 4가지는 측정한다고 보기 어렵죠. 수능은 포용성과 인성을 포함한 정의적 영역보다는 인지적 영역을 평가하는 시험입니다. 그래서 학생들이 다른 사람들과 소통하며 민주시민으로서의 역량을 키우기보다 그 시간에 혼자 공부하는 현상이 자주 보이고요.

물론 우리나라의 사회에서 좋은 대학에 `진학하는 것은 중요할 거에요. 하지만 공동체 역량, 소통 역량과 같은 인성의 함양도 수능 성적에 못지않게 중요합니다. 공부할 시간이 부족해서, 내신성적을 잘 받기 어려워서라는 이유로 학교를 떠나면 이런 역량을 기를 기회가 턱없이 부족해져요. 학교는 작은 사회이자, 사회에 나가기 전에 필요한 역량들을 미리 익히는 공간입니다. 경쟁 위주, 입시 위주의 사회에서도 인간다운 삶을 영위하기 위해 어쩌면 공부보다 중요한 많은 것을 학교에서 배울 수 있을 거에요.

학생들이 학교를 떠나서 수능을 선택하는 이유는 무엇일까요? 수시모집을 위해서는 내신성적과 학교생활기록부 특기사항의 내용이 모두 좋아야 합니다. 내신성적을 좋게 유지하려면 고등학교에 다니는 3년 내내 지필평가와 수행평가에서 높은 점수를 얻어야 하죠. 수시모집은 3학년 1학기까지의 성적을 반영하니 1학년 1학기부터 총 다섯 학기 동안 좋은 성적을 받아야 합니다.

학기마다 10개의 과목이 있다고 하고, 그중 절반만 중간고사와 수행평가를 보며, 10개 과목이 보는 수행평가의 개수가 평균 3개라고 가정해 보죠. 한 학기에 지필평가를 10번, 수행평가를 30번 보는 셈입니다. 다섯 학기 동안에 이루어지는 평가는 지필평가가 50번, 수행평가가 150번이나 되는 거죠. 합쳐서 200번이나 되는 시험 내내 좋은 성적을 받는 것은 너무나도 힘든 일이에요. 이 때문에 내신 관리를 꾸준히 잘해오다가 한 과목에서 실수하기라도 하면 엄청난 스트레스를 받을 수밖에 없는 구조에요.

게다가 보통은 수시모집을 우선적으로 준비한다고 해서 수능을 아예 무시할 수도 없어요. 원하는 대학과 학과의 수시모집 전형에 따라 수능 최저학력기준이 있을 가능성도 있으니까요. 미리 진로를 명확히 정한 경우, 수능 부담을 줄이기 위해 대학에서 요구하는 수능 최저학력기준에 포함된 과목만 준비하기도 합니다. 하지만 미성년자인 고등학생이 자신의 미래를 벌써 확정하기란 쉽지 않죠. 수험생의 입장에서 학생들은 불안하고, 불안을 해소하기 위해 가능한 모든 방안을 준비하려는 경우가 많아요. 심지어는 수시모집을 준비하지만, 혹시나 모를 상황에 대비하려 수능도 준비하는 학생들도 꽤 많습니다. 다섯 학기 동안 200번의 평가를 모두 잘 볼 자신이 있다면, 이는 오만에 가깝다고도 보일 정도로 쉽지 않은 일이에요. 즉, 학교에서 공부하는 학생들은 보통 내신성적과 학생부 특기사항, 거기다 수능까지 준비하는 경우가 많아요. 그러니 잠을 잘 시간도 부족할 정도로 공부하게 되는 거죠.

이를 피하려 학교를 떠나는 학생들은 검정고시와 수능을 준비하게 됩니다. 4월이나 8월에 있는 검정고시에 응시해서 고등학교 졸업 학력을 얻은 후에는 수능만 준비하면 되죠. 같은 나이대의 학생들은 200번의 평가와 특기사항을 위한 자율탐구활동, 연구 보고서 등을 작성하느라 많은 시간을 보냅니다. 이 시간에 오로지 수능만 준비한다는 것은 공부시간만 따져볼 때 큰 메리트가 있죠.

더 큰 문제는 함께 수능을 보는 경쟁자에 같은 나이대의 학생들만 있지 않다는 사실이에요. 한 기사에 따르면, 2026학년도 수능에 지원하는 N수생이 무려 20만 2,762명에 달할 것으로 예상한다고 합니다.[73] 여기에서 말하는 N수생은 재수생과 검정고시 합격자를 포함한 수능 응시자를 말해요. 반면, 재학생은 38만 5,593명으로 예상되어 N수생 비율이 전체의 34.5%로 전망된다고 해요. N수생이 수능 준비를 더 오래 한 만큼, 당연히 초 수생의 입장에서는 부담스러운 경쟁자일 수밖에 없겠죠.

수능을 준비하는 학생들에게 부담이 이중, 삼중으로 다가오는 이유는 정말 많습니다. 1년 이상의 노력이 하루, 단 한 번의 시험으로 평가되는 방식 또한 엄청난 압박으로 다가오죠. 아무리 열심히 준비했더라도 당일 컨디션 관리를 못 하거나, 시험 중 실수를 하면 1년을 다시 준비해야 할 수도 있으니까요. 의대를 포함한 상위권 대학에 진학하려는 학생들은 고작 몇 번의 실수만으로도 1년간 또다시 공부만 하게 되는 경우도 허다하죠. 시험을 망치면 1년 동안 다시 그 시험을 준비해야 한다는 압박감은 이루 말할 수 없을 거에요. 이렇게 대학입시 때문에 많은 학생이 힘들어하는 것으로도 모자라, 자퇴하고 재수를 거듭해요. 그리고 그만큼 수능은 우리나라에서 커다란 영향력을 행사하고 있습니다.

하지만 수능이 실제로 그만큼의 가치와 의미가 있는 시험이라고 할 수 있을까요? 앞서 봤던 것처럼 수능은 교육과정에서 중요시하는 핵심역량을 절반도 측정하지 못합니다. 창의적 사고력도, 인성도 측정할 수 없는 시험이에요. 수능은 선택형 문항으로 이루어진 시험이에요. 이런 객관식 표준화 시험을 개발한 것은 미국의 교육 행정학자인 프레드릭 켈리(John Frederick. Kelly)였습니다. 그가 1916년에 고안한 표준화 시험(Standard Tests)은 최초의 객관식 다지선다형 시험이었어요.[74]

당시에는 서술형으로 작성한 답안을 교사들이 주관적으로 평가해서 편차도 크고 비효율적이었죠. 그는 다지선다형 문제가 채점 오류도 적고 채점 시간을 줄여주는 동시에 평가의 공정성을 높일 수 있다고 주장했어요. 그리고 이러한 장점들 덕분에 이 시험 방식은 이후의 많은 평가에 영향을 미쳤죠. 무엇보다 교사 간의 편차 없이 공정하게 채점할 수 있다는 점이 엄청난 장점이었습니다.

하지만 그는 이내 개발한 평가 도구가 임시방편일 뿐이라고 생각했어요. "이런 시험은 지나치게 조잡해서 폐기되어야 한다."*고 밝히기도 했습니다.[75] 그 이유는 이 시험이 표면적인 지식만 측정할 뿐, 창의력 사고력과 비판적 사고력을 측정할 수 없기 때문이라고 설명했죠. 게다가 교육 내용이 시험에 종속되는 역효과가 발생할 수도 있다고 말했어요.

하지만 다음 해인 1917년, 1차 세계대전에 미국이 참전하며 군인 수십만 명을 선발하고 분류해야 하는 상황이 닥쳤어요. 긴박한 국제 정세에서 표준화 시험은 속도와 비용, 효율성

---

* "These tests are too crude to be used and should be abandoned."

을 고려할 때 최선의 행정적인 분류 도구로 널리 쓰이게 됐죠.
그리고 시간이 흘러 1900년대 중반부터 대학입시에서 선발의
효율성과 변별력이 우선시되며 여러 나라가 표준화 시험을 채
택했어요. 수십 년 동안 여러 교육학자가 다지선다형 표준화
시험의 한계를 지적해왔지만, 그보다는 효율성과 공정성의 측
면에서의 강점이 너무 컸죠.

우리나라는 1945년 광복 직후, 여전히 미국 군정의 영향을
받는 상황에서 미국식 대학입시 제도를 도입했어요.[76] 이는 정부
가 간섭하지 않고 대학이 자체 시험을 출제해서 입학생을 선발하
는 방법이었는데, 부정입학 문제가 계속 심각하게 여겨졌죠. 이후
1954년, 국가 단위 대입자격시험이 처음 도입되었어요. 공식 명칭
은 대학입학 국가 연합고사였고, 시험 과목은 국어·영어·수학·사
회생활 등 4개의 필수과목과 더불어, 대부분이 실업 과목인 선택과
목이 있었어요.[77] 이는 대학입학 정원의 140%를 뽑는 자격시험이

대학입학 예비 고 사제 도입을 보도한
동아일보 (1968.10.15.)

었고, 대학에서 이 학생들을 대상으로 별도 시험을 또 치러서 선발했죠.

하지만 여전히 대학의 부정입학 문제가 계속되어 1968년, 본격적인 국가 고사인 대학입학 예비고사제가 도입되었습니다.[78] 하지만 이 학력고사는 교과목별로 단편적인 지식을 측정할 뿐이었어요. 이 때문에 암기 위주의 획일화된 입시교육이 강화되었다고 평가받을 정도였죠. 이후로 고등학교 내신성적을 반영하다가 대학별로 논술고사를 보기도 했고, 이를 폐지하며 학력고사에 주관식 문항을 반영하기도 했어요. 하지만 창의력과 사고력 등을 측정하기 위해 도입된 주관식 문항은 단답형과 빈칸 채우기 방식으로 암기 위주의 주입식 교육에서 벗어나지 못했죠.

수능은 암기 위주의 입시를 혁신하고자 1993년에 처음 도입되었습니다. 수능은 '대학에서 수학할 수 있는 적격자 선발'을 목표로 실제 대학교육을 받는 데 필요한 능력을 중시했어요. 그래서 의사소통능력, 논리적 사고력, 외국어 독해력 측정을 위해 각각 언어, 수리, 영어의 3개 과목이 제시되었죠. 지식암기가 아닌 통합 교과를 지향해 학생들의 사고력과 종합적 이해능력, 문제해결력 등을 측정하기 위한 시험이었어요. 첫 수능 시험이 치러진 1993년 8월 20일 직후, 언론에서는 극찬을 아끼지 않았어요. 암기식에서 탈피해 탐구 교육을 추구할 수 있는 시험을 통해 신교육이 기대되는 상황이었죠.

　대한민국 초대 한국교육과정평가원장인 고려대학교 교육학과 박도순 명예교수는 "수능이 본래의 취지대로 치러진 것은 도입된 첫해의 딱 한 번뿐"이라고 했어요. 그는 수능이 원래의 취지대로 대학에서 수업받을 능력을 보는 자격검사로만 쓰여야 한다고 강조했습니다. 또한, 줄 세우기 시험인 상대평가가 아니라 절대평가로 바꾸고 대학이 스스로 인재를 선발하도록 해야 한다고 주장해요. 현재의 수능은 학력고사의 문제점이 오히려 심화된 시험이라고 했죠.

　대학입시 제도의 정답이 과연 있을까 싶긴 합니다. 정확한 정답은 아마 없겠지만, 그래도 여전히 우리는 최선의 답을 찾아야 하겠죠. 하지만 대학의 자율성과 평가의 공정성이 모두 중요시되는 현재, 그 때문에 학생들은 행복하지 못하고 있습니다. 오히려 입시 지옥 속에서 고통스러워하며 삶의 만족도도 낮은 모습이죠. 하지만 정말 중요한 것은 이 학생들의 삶이 아닐까요? 학생들의 미래를 위해서라면, 근본적으로 무엇보다 중요한 것은 역시 학생들일 겁니다.

— 스테나인과 정규분포 | 마냥 공정하다고 볼 수 없는 수능

수능은 교육과정에서 강조하는 핵심역량을 모두 측정하지 못합니다. 창의력이나 비판적 사고력도 측정할 수 없죠. 게다가 암기 위주, 경쟁 위주의 입시를 수능이 더욱 심화시킨다는 의견도 많습니다. 대학에 입학할 자격이 있는지 확인하기 위해 도입되었던 시험은 현재 대입 전형에서 결정적인 역할을 차지할 정도로 중요해졌죠. 통합 교과를 지향했던 처음의 의도와는 달리, 점차 시험 과목이 증가하고 영역이 확대되었어요. 최근에 나온 2028학년도 통합형 수능에서 선택과목을 폐지한 것도 이 처음의 의도를 반영하기 위한 변화라고 생각됩니다.[79]

하지만 여전히 과목은 구분되어 있고, 시험의 난도는 처음과 비교하면 너무 높아졌어요. 2025학년도 수능은 '불수능'이라고 불릴 정도로 난도가 너무 높았던 2024학년도 수능보다는 전반적으로 쉽게 출제되었다고 평가받았어요.[80] 그러나 미적분 등의 일부 선택과목에서는 변별력 확보를 위해 어렵게 출제되었다고 하죠. 그렇다고 해서 시험 자체의 난도가 낮았다고 보기는 어렵습니다. 수능의 난도는 이미 너무 많이 높아졌고, 그만큼 수능을 준비하기 위한 학업량도 상당히 많아졌어요. 높아진 학생들의 눈높이에 비해 상대적으로 덜 어려웠다는 정도일 뿐이죠. 수능은 왜 이다지도 어렵게 출제되어 학생들을 공부 때문에 힘들게 하는 걸까요?

대학입학 전형제도는 대학교육을 받기 적합한 대상을 선발하고, 공교육의 정상화에 기여한다는 목표를 위해 많은 변화를 거쳐왔어요.[81] 특히 1991년 4월에 도입된 대학입학 전형제도에서는 고등학교 교육의 정상적인 운영, 학생 선발의 객관성과 공정성의 확보, 대학의 학생 선발권 보장의 세 가지를 목표로 삼았습니다. 이에 따른 1994학년도 대학입시 전형부터는 고등학교 내신성적과 대학수학능력시험, 대학의 특성에 맞는 자율적인 선발 방법을 활용하게 되었죠. 이 세 가지는 오늘날에 각각 수시모집 전형, 정시모집 전형, 대학별로 제시하는 입학전형이 되었습니다. 즉, 수능의 존재 목적은 학생 선발의 객관성과 공정성의 확보라고 할 수 있어요.

객관성과 공정성의 확보를 목표로 하는 시험이기 때문에 다지선다 표준화 시험의 형태를 도입하게 되었죠. 국가 단위로 많은 수의 학생들을 대상으로 한 시험이니 채점 시간을 효율적으로 줄여야 한다는 점도 큰 이유로 작용했을 거에요. 하지만 객관성과 공정성을 위해서는 시험 자체가 적절한 난이도로 출제되어야 해요.

적절한 난이도의 시험에서는 응시자들의 점수가 한쪽으로 몰리지 않고 고르게 퍼진 모습을 띠게 됩니다. 다양한 수준의 응시자들이 시험에 응시할수록 각자의 수준에 맞는 문항을 맞출 수 있도록 출제되는 게 좋죠. 응시자의 점수 분포를 그래프로 나타내었을 때, 평균을 중심으로 한 종 모양의 정규분포에 가까워질수록 이상적인 난이도의 시험이라고 해석합니다.[82] 평균 정도의 점수를 받은 사람이 너무 많이 몰리면 잘하고 못한 정도를 구별하기 어려워져 변별력이 낮아져요. 그래프가 너무 퍼져 있거나 너무 좁아도 신뢰도가 높지 않다고 판단합니다. 2028학년도 이전까지의 수능은 9등급제로 등급을 산출하는데, 이 또한 표준점수를 정규분포 기반의 9단계로 나눈 스테나인(stanine) 방식이에요. 이 방식에 따르면 1등급인 상위 4%의 학생들은 평균을 0, 표준편차를 σ라 할 때, 0+2σ에서 0+3σ의 사이에 속한 거죠. 이는 통계적으로 매우 우수한 학생들을 의미하며, 그래서 1등급을 받기가 어려운 거에요.

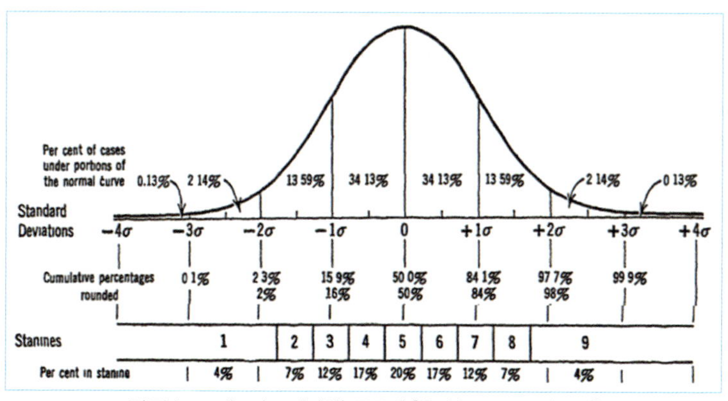

정규분포 그래프와 스테나인(9등급제) [출처 | Paul Kline (2000)]

수능에서는 스테나인의 비율을 그대로 따른 9등급제를 도입하고 있습니다. 하지만, 학생들의 표준점수 분포를 살펴볼 때 정규분포 그래프를 띠는 경우는 거의 없어요. 정규분포 그래프를 띠려면 잘하는 학생들과 못하는 학생들의 수가 비슷하게 나와야 합니다. 문항을 출제할 때도 그 비율을 고려해서 적절한 난이도의 문제를 각각 제시해야 하죠. 하지만 2025학년도 대학수학능력시험 채점 결과[83]를 보면 정규분포 그래프를 찾아보기 힘듭니다.

절대평가인 영어를 제외하고 국어와 수학 성적의 표준점수 분포 그래프를 살펴보죠. 국어는 오른쪽으로 쏠린 모양의 분포도를 띠고 있는데, 하위권 학생이 적고 상위권 학생이 많다고 해석되죠. 비교적 평이한 난이도로 평가받은 만큼, 국어 과목은 높은 성적의 학생이 많아 오른쪽으로 쏠린 종 모양에 가까워요.

하지만 수학 성적은 정규분포의 형태를 전혀 찾아볼 수 없습니다. 우뚝 솟은 봉이 두 개 이상 있다는 것은 특정 점수에 응시생이 많이 몰렸다는 뜻이죠. 평균 점수도 눈에 띄지 않을 정도로 봉이 많고 상당히 불규칙한 모양이에요. 이는 점수 간의 편차가 심하다는 뜻이며, 문항의 변별력이 높지 않다는 의미로 해석될 수 있습니다. 게다가 고득점을 받아 오른쪽에 있는 학생들의 수도 들쭉날쭉하다는 점을 보면 변별력이 매우 낮다는 뜻이죠.

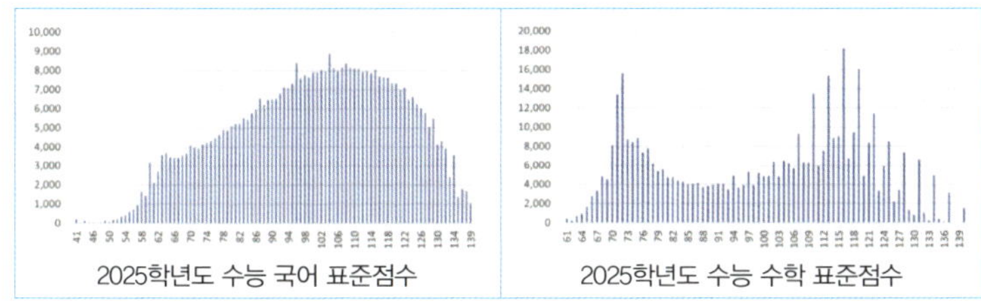

　객관적이고 공정한 대학입시를 위해 수능이 존재한다면, 이를 위해 시험의 변별력이 높아야 할 겁니다. 현재 수능은 측정할 수 있는 역량도 적고, 암기 위주와 경쟁 위주의 교육을 조장한다는 비판도 많이 받고 있죠. 그런데도 수능의 난도가 계속 높아지는 이유는 변별력이 중요하기 때문입니다. 이는 세대가 거듭될수록 지적 수준이 높아진다는 플린 효과(Flynn Effect)로도 해석할 수 있어요.[84]

　어느 학년도 수능의 난도가 너무 높았다고 가정해 볼게요. 그 시험의 응시자들은 고득점 문항을 푸는 데 어려움을 겪었겠지만, 그 문항들은 시험 이후 기출문제가 됩니다. 다음 학년도 수능을 준비하는 학생들에게 있어, 이전에 나왔던 문제 유형은 당연히 해결할 수 있어야겠죠. 이런 과정에서 시험은 높은 변별력을 유지해야 하고요. 그러다 보니 이전에는 한 번도 나오지 않았던 유형의 고난도 문제를 출제되어야 하는 상황이 30년 동안 누적되었어요. 수능 영어의 고득점 문제는 모국어가 영어인 사람도, 대학교수조차도 어려워한다고 해요.[85] 2025학년도 수능의 난도가 상대적으로 낮게 느껴졌던 이유도

바로 이 때문이라고 볼 수 있습니다.

30년의 세월을 거치며 수능은 점점 어려워지고, 논란의 여지가 전혀 없는 문항들로 만들어지고 있어요. 한 문항에서 복수정답이 나오기만 해도 등급 컷이 바뀐다며 국가를 상대로 소송을 준비하기도 할 정도죠. 2025학년도 수능 직후에도 이의신청이 전년도 대비 54건이나 늘어 총 342건이 접수되었어요.[86] 국어 영역의 '언어와 매체' 44번 문제나 영어 영역의 24번 등에서도 복수정답 의혹이 제기되었죠. 영어 영역의 듣기평가에 대한 불만을 토로하는 내용도 36건 이상 접수되었습니다.

현재의 수능은 너무 불어서 빵빵해져 버린 풍선과도 같아 보입니다. 내신성적과 학생부 특기사항 관리에 치이고 N수생들과의 경쟁에 치인 학생들은 이미 지칠 대로 지쳤고, 불만이 가득할 수밖에 없어요. 시험은 교육을 얼마나 잘 받았는지 확인하기 위한 평가가 아니라, 단순히 줄 세우기의 목적으로만 기능하고 있어요.

하지만 마지막으로 남은 목적인 줄 세우기로서의 도구가 변별력마저도 높지 않다면, 이를 이용한 평가가 공정하다고 보기는 어렵겠죠. 우리가 길이를 재기 위해 사용하는 자의 모든 눈금의 간격은 일정합니다. 서로 다른 두 물체의 길이를 비교하기 위해서는 같은 간격의 눈금이 있는 자를 사용해야겠죠.

하지만 그것만으로도 모자랍니다. 정확한 비교를 위해서는 같은 단위로 측정해야 해요. 한 자는 센티미터(cm) 단위이고, 다른 자는 인치(inch) 단위라면 비교를 위한 측정이 의미 있다고 할 수 있을까요?

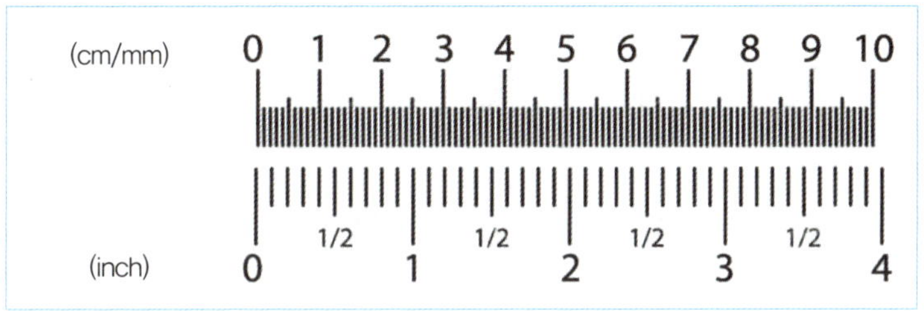

게다가 평가의 목적과 도구가 일치하는지도 중요한 문제입니다. 물의 양을 비교하기 위해 우리는 보통 물의 부피를 측정하죠. 그 이유는 물이 액체이므로 따르는 용기에 따라 크기가 달라 보일 수 있기 때문이에요. 폭이 넓은 대접과 폭이 좁은 잔에 각각 같은 양의 물을 넣었을 때, 그 높이는 분명 달라질 거에요. 이때 대접과 잔에 담긴 물의 높이를 각각 재서 비교하는 행위는 의미 있다고 보기 어렵죠. 그래서 물의 양을 비교하려면 주로 부피를 측정하고, 자를 사용해야 한다면 최소한 같은 그릇에 넣어서 측정해야 합니다.

챗GPT 생성 | 대접과 잔에 담긴 물

이런 관점에서 수능 성적에 의한 줄 세우기는 과연 공정하다고 할 수 있을까요? 다지선다형의 문항으로 창의적 사고력도 측정하지 못하고, 너무 높은 난도의 문항으로 변별력도 낮은 시험입니다. 게다가 대학에서의 수학능력을 평가한다는 본래 목적과도 맞지 않아요. 그 과목을 가르치는 교사도, 대학교수도 고득점을 받기 어려운 시험이 학생들의 대학 수학능력을 평가한다고 보기는 어렵죠. 평가의 목적에 맞지 않는 도구로는 그 평가를 공정하게 할 수 없습니다.

그러니 노력한 만큼 수능 성적이 따라오지 않는다고 해서 좌절할 필요는 없어요. 수능 국어 성적이 높은 학생들이 모두 베스트셀러 에세이 작가가 되지는 못해요. 수능 수학 성적이 아무리 높더라도 문구점에서 3,000원이면 살 수 있는 계산기보다 계산을 빠르고 정확하게 할 수는 없어요. 수능 영어 성적이 높은 학생들이 모두 영어회화를 잘하지는 않습니다. 열심히 공부한 만큼 수능 성적이 오르지 않는 학생일지라도, 역량이 낮은 학생이라고 볼 수는 없습니다.

평등은 언제나, 누구에게나 무조건 똑같은 조건이 주어진다는 것을 의미하지는 않습니다. 같은 출발선에서 달리기 시합을 할 때, 다리에 깁스를 한 사람이 있다면 어떨까요? 도착 시간이 느리다고 완주한 사람에게 메달을 주지 않는 것은 공정한가요? 공정성과 평등의 기준은 맥락과 상황에 따라 달라질 수 있습니다.

4장

모두 잘하고 싶은 마음은 아무래도 욕심이다.

— 메이플스토리와 포켓몬스터 | 캐릭터에 맞는 능력치 배분

2003년 4월에 국내 서비스가 시작된 넥슨(Nexon)의 PC게임 '메이플스토리'가 출시된 지 약 20년이 지난 2025년, 비로소 예전의 인기를 되찾았다고 해요.[7] 메이플스토리는 2009년에 동시접속자 29만 명을 기록하며 국내 대표 온라인게임으로 불렸어요. 2011년에는 동시접속자가 무려 62만 명을 돌파하기도 했어요. 이후 다양한 온라인게임이 나타나고, 모바일 게임 시장도 활성화되며 메이플스토리의 인기는 점차 사그라들었는데요.

게임순위		2025년 8월 1일
순위	게임정보	점유율
1	LEAGUE OF LEGENDS / 365주 1위 / 라이엇 게임즈 / 라이엇 게임즈 / 리그 오브 레전드	37.03%
2 ▲ 1	배틀그라운드	9.03%
3 ▲ 2	FC온라인	8.66%
4 ▼ 2	메이플 스토리	8.52%
5 ▼ 1	발로란트	7.83%
6	서든어택	4.49%
7	오버워치	4.2%
8	던전앤파이터	2.84%
9	스타크래프트	1.99%
10	로스트아크	1.65%

2025년 8월 1일 기준 게임순위
[출처 | gametrics.com]

2024년 겨울 시즌 업데이트가 기존 팬덤과 새로운 회원 모두에게 긍정적인 반응을 얻었어요. 덕분에 2025년 초에는 국내 PC방에서의 게임 점유율이 9.39%를 기록하며 무려 2위로 급등했습니다. 한 PC방 게임 전문 리서치 서비스*에 따르면, 2025년 중순인 8월에도 여전히 높은 점유율을 기록하고 있어요.

메이플스토리는 귀여운 그래픽과 단순한 조작으로 게임을 어려워하는 어린 유저들을 대상으로도 인기가 많았어요. 메이플스토리의 가장 큰 특징은 캐릭터의 능력치를 나타내는 스탯을 유저가 직접 분배할 수 있다는 점이었죠. 메이플스토리에서는 레벨이 1 오를 때마다 스탯을 올릴 수 있는 AP**가 5포인트씩 주어졌어요.*** 유저들은 레벨이 오를 때마다 HP, MP, 힘(STR), 민첩성(DEX), 지력(INT), 운(LUK) 중에서 원하는 능력치를 올릴 수 있었죠.

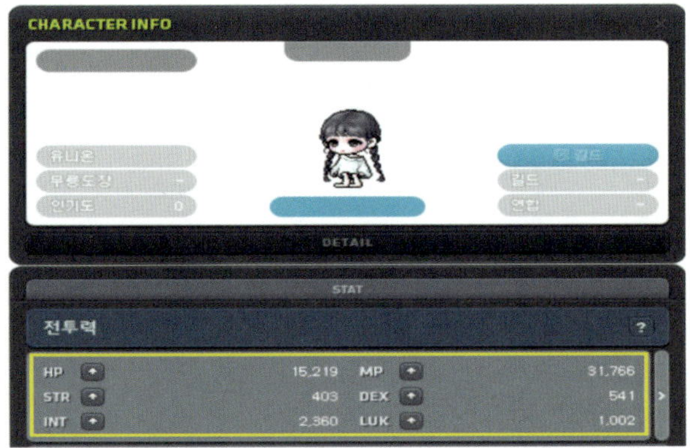

메이플스토리에서 스탯을 올리는 AP 창 [출처 | 메이플스토리 공식 홈페이지]

---

* gametrics.com
** Ability Point
*** 출처 | 메이플스토리 공식 홈페이지

넥슨은 메이플스토리 이전에도 스탯을 유저가 직접 분배할 수 있는 게임을 출시한 바 있어요. 1996년에 출시된 세계 최초의 온라인 롤플레잉 게임(RPG*)인 '바람의 나라'가 그 시작이었죠. 이어서 1998년에 출시된 '어둠의 전설'도 마찬가지로 능력치를 유저가 자유롭게 분배할 수 있었어요. 이 방식은 자신의 캐릭터를 육성한다는 RPG의 의미를 충실히 따랐고, 덕분에 사용자들에게 인기가 많았어요. 캐릭터의 레벨이 오르면서 능력치가 자동으로 오르는 이전의 다른 게임들과 명확한 차별점도 있었죠.

하지만 그렇다고 해서 자신만의 독창적인 방식으로 스탯을 올리는 유저는 많지 않았어요. 특히 높은 레벨을 기록한 강한 캐릭터들의 경우 스탯을 올리는 방식이 다소 정형화되었습니다. 그 이유는 캐릭터마다 강해지는 데 도움이 되는 능력치와 필요 없는 능력치가 있었기 때문이죠. 이 때문에 6개나 되는 능력치를 골고루 올리기보다는 필요한 능력치만 골라서 올리는 유저가 많았어요.

예를 들어, 높은 체력과 강력한 물리 공격력이 특징인 전사의 경우 주된 능력치는 힘(STR)입니다. 하지만 명중률을 올리거나 특별한 장비를 착용하기 위해 민첩(DEX)이 필요하기도 해요. 그래서 전사는 힘(STR)만 올리는 경우와, 민첩(DEX)을 보조로 올리는 경우로 나뉘었죠. 이처럼 자신이 원하는 방향으로

---

* Role-Playing Game

캐릭터를 육성할 수 있도록 자신만의 전략이 존재했어요. 하지만 전사가 지력(INT)이나 운(LUX)을 올리면 불필요한 스탯에 투자된 만큼, 필요한 수치를 올리지 못해 약하다는 평가를 받았죠.

그래서 당시 유저들은 공략집을 구입하거나 인터넷에서 캐릭터의 육성방식을 검색하며 참고하기도 했어요. 스탯 관리가 캐릭터 육성에 엄청난 영향을 미치기 때문에, 스탯을 잘못 올렸다는 이유로 캐릭터를 삭제하고 다시 키우는 일도 많았습니다. 캐릭터를 지우지 못하는 유저들은 현금으로 캐시샵에서 AP 초기화 주문서를 구입하기도 했어요. 게다가 메이플스토리에는 스탯만이 아니라, 전투에서 사용하는 스킬도 유저가 원하는 대로 올릴 수 있었어요. 그 덕분에 초창기에는 전사와 마법사, 궁수, 도적의 네 가지 직업만 있었음에도, 다양한 특징의 캐릭터가 만들어졌죠.

스탯의 각 능력치는 어떤 캐릭터에게 정말 중요하지만, 또 다른 캐릭터에게는 전혀 중요하지 않기도 했어요. 하지만 네 가지 직업을 모두 볼 때, 누구에게도 필요하지 않은 능력치는 없었습니다. 그래서 레벨이 오를 때마다 6가지의 능력치 중 자신의 캐릭터에 맞는 능력치를 골라서 올리는 작업이 중요했죠. 하지만 메이플스토리에서는 레벨이 1 오를 때마다 AP가 5 포인트씩만 주어져 레벨을 높이지 못하면 능력치를 많이 올리지 못했어요.

이와 달리 닌텐도(Nintendo)의 비디오게임 '포켓몬스터'는 캐릭터의 능력치를 레벨과 무관하게 유저가 노력하는 만큼 올릴 수 있었어요. 2023년 미국의 한 디지털 미디어 뉴스 매체에 따르면, 포켓몬스터는 역대 가장 높은 수익을 낸 미디어 프랜차이즈가 되었다고 합니다.[88] 이 기사에서 포켓몬스터는 27년 동안 누적 리테일 매출*이 약 809억 달러를 기록했다고 했어요. 리테일 매출은 최종 소비자에게 판매된 상품의 가격 총합을 말하는데요. 이는 디즈니의 미키마우스나 곰돌이 푸, 해리포터와 마블을 모두 뛰어넘는 수준입니다.

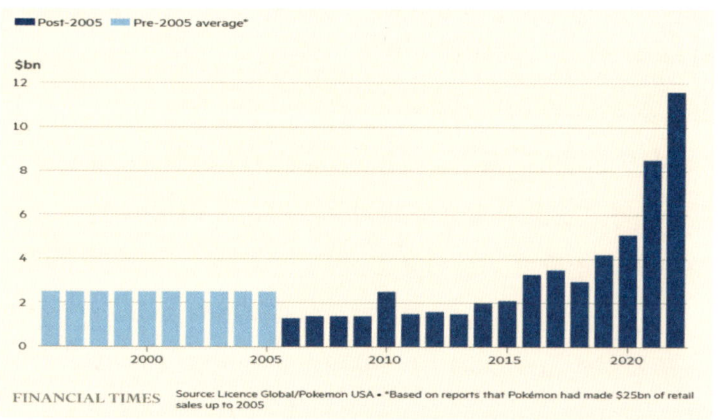

연도별 포켓몬스터 라이센스 수익 [출처 | Louis Ashworth (2023.9.19.)]

포켓몬스터의 성공에는 무엇보다도 원작인 게임의 엄청난 인기 덕이 컸어요. 포켓몬스터는 인간이 포켓몬과 공존하는

---

* Retail Sales Revenue

세계에서 몬스터볼로 포켓몬을 잡고 육성하는 게임이죠. 포켓몬스터 게임에는 1세대인 레드·그린·블루 버전에서부터 각 포켓몬의 개체마다 기초 포인트*가 있었어요. 기초 포인트에는 HP와 공격, 방어, 특수공격, 특수방어, 스피드의 6가지 항목이 있는데요. 2세대 골드·실버·크리스탈 버전까지는 야생 포켓몬을 쓰러뜨릴 때마다 해당 포켓몬에 따른 능력치가 상승했어요. 기초 포인트는 노력치라고도 불렸고, 당시에는 총량의 제한이 없어서 6개 모두 최대로 올릴 수가 있었죠.

하지만 3세대 루비·사파이어·에메랄드 버전부터는 올릴 수 있는 노력치의 총합이 510으로, 항목별 최대 수치는 252로 제한이 생겼어요. 하지만 오히려 그 덕분에 캐릭터마다 노력치 조정을 통해 원하는 개체를 육성할 수 있게 되었어요. 예를 들어 빠른 스피드로 특수공격을 하는 캐릭터에게는 스피드 252, 특수공격 252를 올리고 나머지 6은 부족한 체력에 조금 더해주는 등의 전략이 가능해졌죠.

포켓몬스터는 '포켓몬 월드챔피언십'이라는 세계 대회도 운영할 정도로 그 인기가 전 세계적으로 엄청난 게임이에요. 그리고 게임의 인기에는 캐릭터마다 투자하는 노력치를 다르게 하고 기술배치와 도구를 맞추는 등의 전략이라는 숨은 공신이 있습니다.

---

* Effort Value

캐릭터를 강하게 키우기 위해서 존재하는 모든 능력치를 균형 있게 올리는 전략은 대부분 유용하지 않아요. 캐릭터마다 특징과 장단점이 있고, 그에 따라 역할과 쓰임이 다르기 때문이죠. 주어진 시간과 노력에 한계가 있는 만큼, 모든 능력치를 최대로 올릴 수도 없어요. 그렇다면 어떤 캐릭터로 만들지 전략을 잘 세우고, 그에 알맞은 능력치를 골라 적절한 수치만큼 올리는 게 중요합니다. 그리고 이는 비단, 게임에서만의 이야기는 아닐 것입니다.

2022 개정 교육과정에서 추구하는 인간상은 '자기 주도적인 사람, 창의적인 사람, 교양 있는 사람, 더불어 사는 사람'입니다. 이러한 인간상을 구현하기 위한 핵심역량으로 '자기관리 역량, 지식정보처리 역량, 창의적 사고 역량, 심미적 감성 역량, 협력적 소통 역량, 공동체 역량'이 있어요. 핵심역량은 메이플스토리의 스탯이나 포켓몬스터의 노력치처럼 똑같이 6가지이죠. 그렇다면 학교 교육을 받는 학생들 또한 롤플레잉 게임(RPG)에서처럼 원하는 핵심역량만을 골라서 함양하면 될까요?

사실 이는 자퇴를 하고 검정고시와 수능을 준비하는 학생들의 선택과 다를 바가 없어 보입니다. 내신성적과 학교생활기록부 특기사항은 자퇴하면서 함께 포기하게 되는 것이죠. 이 학생들은 남들이 내신성적과 특기사항, 수능의 3가지 스탯을 올릴 때 혼자 수능에만 투자하는 전략을 세운 거에요. 게임에서는 강한 캐릭터를 만들 수 있는 이런 전략이 대학입시에서도 긍정적으로 작용할까요.

수시모집에서 학교생활기록부를 평가하고 수능 최저학력기준까지 보는 대학은 내신성적과 특기사항, 수능 성적까지 평가하겠다는 말이에요. 정시모집에서 수능 성적과 더불어 교과 성적까지 보겠다는 대학도 마찬가지입니다. 이 대학들이 학생들에게 요구하는 바는 상당히 많죠. 고등학생들이 3년의 다섯 학기 동안 교내 모든 평가에서 좋은 성적을 받고, 여러 창의적이고 주도적인 탐구 활동까지 하며 수능도 준비하라는 뜻이에요. 이처럼 많은 요구는 일부 욕심 많은 대학에서만의 문제가 아닙니다.

2025학년도에는 수도권의 주요 11개 대학 중 9개나 되는 대학이 수시모집 전형에서 수능 최저학력기준을 적용했어요.[8] 수도권의 주요 11개 대학은 서울대·연세대·고려대·서강대·성균관대·한양대·중앙대·경희대·한국외대·서울시립대·이화여대를 말합니다. 게다가 이 11개 대학의 수시모집 전형에서 수능 최저학력기준을 적용해 선발하는 인원은 8,747명으로, 전체 정원의 53.8%이에요. 이는 전년도의 7,561명(46.6%)보다도 많이 늘어난 수치입니다. 이중 학생부교과 전형을 선발하지 않는 서울대는 학생부종합전형의 일부 학과에서만 수능 최저학력기준을 적용해요. 이화여대는 학생부교과 전형에서도 수능 최저학력기준을 요구하지 않았습니다.

많은 학생이 수도권의 주요 대학 진학을 희망하는 점을 고려할 때, 학생부 서류와 수능은 대부분 준비해야 할 것으로 보이죠. 하지만 그뿐만이 아닙니다. 전형의 2단계 평가에서 면접을 보는 대학도 있고, 논술전형을 실시하는 대학도 있기 때문이죠. 2025학년도 대학입시에서는 논술전형을 실시하는 주요 대학이 총 10개였어요. 그중 6개 대학이 논술 100으로 선발하고, 그 안에서도 5개 대학이 수능 최저학력기준을 적용했습니다. 그리고 2026학년도에는 총 44개 대학이 논술고사를 실시한다고 합니다.[90] 대부분 대학은 수능 이후 주말에 논술고사를 실시하지만, 수능 전에 논술고사를 실시하는 대학도 9곳이나 있어요.

이처럼 학생들이 진학하고자 하는 대학에 따라서도, 입학전형에 따라서도 준비해야 하는 건 다양합니다. 하지만 수능만 준비한다고 할 때, 그 학생들이 들어갈 수 있는 전형의 모집 정원도 많지는 않아요.[91]

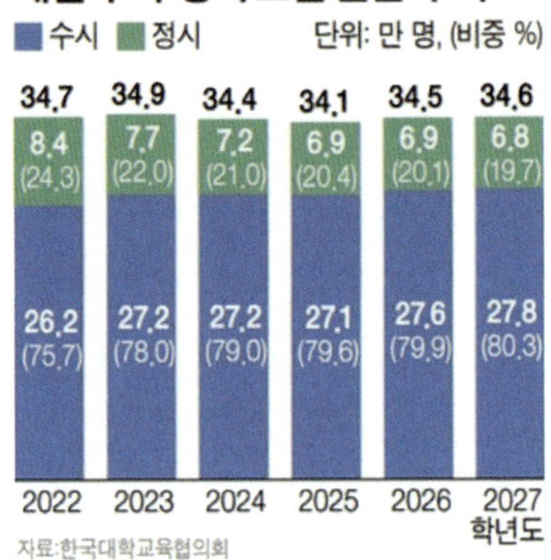

연도별 수시와 정시 인원 비율
[출처 | 원형민 (2025.4.30.)]

2026학년도 대입전형시행계획에 따르면 전체 모집 인원은 전년 대비 4,245명이 증가한 345,179명입니다.[92] 그중 수시모집은 275,848명으로 79.9%나 되고, 정시모집은 69,331명으로 20.1%밖에 안 됩니다. 전년 대비 수시모집은 4,367명 증가했지만, 정시모집은 122명 감소했어요. 최근 5년간 수시모집 비율은 계속 늘어나고 있고, 정시모집 인원은 계속 줄어들고 있어요. 수능 위주 전형은 63,902명으로 전체의 18.5% 정도입니다. 정시모집에서도 학생부를 반영하는 대학이 늘어

나고 있다는 점을 고려하면 수능 성적만으로 갈 수 있는 인원은 이보다도 적겠죠.[93]

2026학년도 수시모집에서 가장 규모가 큰 전형은 학생부교과 전형입니다. 모집 인원은 총 15만 5,495명으로, 전체 수시모집 인원의 56.4%에 달하는 규모에요. 모든 전형을 포함한 전체 모집 인원 중에서도 45.0%나 되는 규모로 절반에 가깝죠.

학생부교과 전형이 가장 많은 비중을 차지하는 이유는 아마도 교육부에서 공교육 정상화를 꾀하고 있기 때문일 거에요. 논술전형이나 면접 전형, 수능 위주 전형은 사교육의 의존도가 높아지기 마련이니까요. 특목고나 영재고, 과학고 등의 학교에서는 학생부 특기사항에서 학생들의 높은 수준이 잘 드러날 수밖에 없죠. 이 학교에서는 학생들의 수준이 높아 내신성적을 잘 받기는 어려울 거에요. 하지만, 높은 수준이 드러나는 뛰어난 특기사항 덕분에 정성평가 비중이 높은 학생부종합전형에서 상대적으로 유리하겠죠.

반면, 학생부교과 전형은 모든 학교가 똑같은 수준이라고 가정하고 내신성적을 평가합니다. 그 덕분에 지방 일반고 학생들이 가장 빛을 발할 수 있는 전형이기도 해요. 성적이 높은 학생들이 많은 학교와 성적이 낮은 학생들이 많은 학교의 1등을 똑같이 평가한다는 게 학생부교과 전형이니까요.

국가 수준이라는 하나의 틀로 모든 학생을 평가하는 수능보다는 학교에서 좀 더 세밀히 학생들을 평가할 수 있을 거에요. 2022 개정 교육과정은 학교에서 평가할 때, 교과목의 성격과 학습자 특성을 고려하여 적합한 평가 방법을 활용하라고 합니다. 학교에서 개별 학생의 발달 수준과 특성을 고려해 평가 계획을 조정할 수도 있도록 했어요. 이와 달리, 수능은 개별 학생을 고려하며 출제할 수 없습니다. 존재 목적도 국가 수준을 바탕으로 학생들의 대학 수학능력을 평가하기 위함이고요. 오히려 반대로 전체 학생을 대상으로 한 평가 계획을 세워야 합니다.

수능이 늘 같은 방식의 평가를 할 수밖에 없는 것과 달리, 학교에서는 여러 평가 방법을 활용할 수 있다는 것도 장점이죠. 교육과정에서는 수행평가를 내실화하고 서술형과 논술형 평가의 비중을 확대하라고 합니다. 이로써 다지선다형의 문항만을 출제할 수 있는 수능에 비해 교과목의 성격과 차시를 고려한 평가를 할 수 있죠. 정의적, 기능적 측면이나 실험·실습이 중시되는 평가도 충분히 가능합니다. 다만, 타당하고 합리적인 기준과 척도를 마련해서 평가해야 하죠. 이처럼 다양한 평가 방식으로는 수능에서 측정하지 못했던 6가지의 핵심역량을 모두 측정할 수도 있을 거에요. 그러니 어쩌면 학생부교과 전형이 교육과정을 가장 잘 반영하고, 학교 교육을 충실히 하는 학생들에게 유리한 전형이라고 볼 수도 있어요.

하지만, 학생부교과 전형의 비중이 높아진다는 게 마냥 정답이라고 볼 수는 없습니다. 수능이 알고 보면 공정성도 변별력도 낮다는 점을 고려해 볼 때, 내신성적이 그와 다르다고 보긴 어려워요. 다섯 학기 동안 이루어지는 전 과목의 모든 지필평가와 수행평가가 높은 변별력을 갖기도 사실 어려운 일이에요. 모든 교과목에서 타당도와 신뢰도가 높은 평가를 하고 있다는 확신을 하기도 어렵죠.

자기소개서와 교사추천서가 폐지되고 학교생활기록부에서 대학에 제공되는 영역이 많이 줄어든 부분도 무시할 수 없어요. 기존에는 주로 내신성적만 보던 학생부교과 전형에서도 점차 정성평가를 어느 정도 반영하는 대학이 늘고 있습니다. 교과성적을 평가할 때, 세부능력및특기사항까지도 보는 경우가 많아졌죠. 이 때문에 학생부교과 전형도 점점 학생들에게 많은 것을 요구하게 됩니다.

학교에서의 평가와 달리 수능 시험에서는 논란의 여지가 없으면서 변별력이 높은 문항의 출제를 위한 절차가 체계적이에요. 하지만 내신성적을 위한 평가에서는 그보다 덜한 과정을 거쳐서 평가가 이루어지는 경우가 많기도 해요. 이는 문제가 생겼을 때의 처리 과정과 규모가 상당히 다르기 때문이기도 합니다. 학교에서 지필평가 문항에 문제가 있다면 최악의 경우 재시험을 볼 수도 있어요. 하지만 수능은 한 문항이라도 재시험을 보는 게 불가능에 가까워요. 그 한 문항을 출제하고 학생들이 시험을 보는 시간의 확보를 위해 이후의 모든 대입 일

정을 바꿔야 하는 게 무리이기 때문이죠. 그만큼 수능 문제가
학교 평가에서의 문제보다 높은 평가를 받기도 해요.

어떤 전형이든 정답은 없겠지만, 자신에게 가장 잘 맞는 전
략은 있을 거에요. 준비해야 할 게 많다고 해서 무조건 불리
한 것도 아니고, 수능만 준비한다고 해서 무조건 유리한 것도
아니죠. 지금의 대학입시 제도는 많은 수의 대학마다 전형에
서 평가하는 기준이 다 다릅니다. 이는 대학의 선발 자율성을
존중해주기 위함이지만, 학생들이 그 모든 정보를 알아내기란
쉽지 않죠. 그렇기에 진로를 빠르게 정하고, 자신에게 맞는 전
형을 찾아서 미리 준비하는 게 좋습니다. 모든 것을 다 잘할
수는 없겠지만, 그럼에도 게임 캐릭터를 키울 때처럼 최선의
전략을 짜고 보다 필요한 부분에 많은 시간과 노력을 투자하
는 게 중요합니다.

— 파스퇴르유업과 민사고 | 성공을 위한 양질의 노력

우리나라 1세대 자사고(자율형 사립고등학교)인 민족사관고등학교(민사고)는 최명재 전 파스퇴르유업 회장이 1993년에 설립했습니다.[94] 마트에 가면 흔히 볼 수 있는 파스퇴르우유로 돈을 벌어들인 덕분이었죠. 그는 학교 설립과 운영에 1,000억 원을 투자하며 박사급 교원을 채용했습니다. 최명재 전 회장은 학생들이 학비 걱정 없이 공부할 수 있도록 기업이 도와야 한다고 줄곧 강조했어요. 학교에서는 교장으로서 학생들에게 꿈을 물어보던 최명재 전 회장은 "젊은 너희의 꿈은 대한민국의 희망이다."라는 말을 남겼죠.[95]

민족사관고등학교 교표

파스퇴르 BI

파스퇴르유업은 1987년, 대한민국 최초로 저온살균 우유를 도입한 유가공업체입니다. 파스퇴르 살균법을 우유에 적용하며, 공법 이름을 회사명에 넣은 거죠. 파스퇴르 살균법은 섭씨 60~65도에서 일정 시간 가열함으로써 미생물을 없애면서도 풍미를 유지하는 살균 방법이에요. 파스퇴르유업은 1990년대

1,800억 원대의 매출을 올리며 우유 업계 4위까지 올랐어요.

하지만 1997년 11월, 우리나라가 외환위기를 겪으며 파스퇴르유업도 부도를 맞았습니다. 원유 생산비가 늘었고, 분유나 이유식용 수입 원료 가격도 급등했기 때문이죠. 결정적으로 민사고 교사 증설을 위해 돈을 빌렸던 종합금융회사가 파산하며 파스퇴르유업은 98년 2월, 최종 부도 처리됐습니다. 민사고는 당시 사립학교 중에서도 최고 수준의 교육 시설과 기숙사, 인건비로 유명했어요. 그리고 그 모든 자금은 파스퇴르유업에서 단독으로 냈죠.

파스퇴르유업은 당시 높은 매출을 기록했지만, 식품업계 특성상 순이익은 그만큼 높지 않았어요. 그 와중에도 학교 운영에 꾸준히 많은 돈을 지원하며 사회공헌을 실현한 셈이죠. 하지만 이 때문에 사업을 확장하거나 서울우유나 매일유업 등 우유 업계 기업과의 경쟁에 대응할 돈을 마련하지 못한 것도 사실입니다.

파스퇴르유업은 2004년 한국야쿠르트가 인수했지만, 이 과정에서 민사고는 별도 법인으로 분리되었어요. 파스퇴르유업은 2007년부터 2009년까지 3년 연속 적자를 기록하다, 롯데그룹에 인수됐습니다. 온갖 풍파 속에서 갖은 고초를 겪었지만, 파스퇴르우유는 2020년대 저온살균 우유 시장의 약 80%를 점유하고 있어요. 2014년에는 국내 우유 업계 최초로 무항생제 취급자 국가인증을 획득하기도 했어요. 이는 축사·사육

조건, 가축 번식 방법, 동물 복지 등에서 까다로운 조건을 충족해야 가능한 일입니다. 롯데 웰푸드에서는 최근 파스퇴르를 우유 기반 영양 브랜드로 육성하겠다는 계획을 제시하기도 했습니다.[96]

이런 공법을 중요시했던 최명재 전 회장은 기업의 궁극적인 책무가 이윤의 극대화가 아니라, 민족의 미래에 대한 투자여야 한다는 신념을 지녔습니다. 그 때문에 기업의 자산에 자신의 사비까지 포함해 일생의 '꿈의 학교'로써 민사고를 설립했던 거죠. 그는 단순히 영재교육을 위해 학교를 세운 게 아니었다고 밝히기도 했어요. 끝까지 학교를 지키려던 그의 목

최명재 자서전
'20년 후 너희들이 말하라]

표는 '영재교육을 통해 민족혼을 지닌 세계적인 지도자를 키우는 것'이었습니다.

최명재 전 회장의 자서전에는 "교육은 미래에 대한 가장 큰 투자다."라는 그의 삶의 철학이 깃들어 있습니다. 파스퇴르유업은 여전히 공법을 유지하며 연 매출 2,000억 원을 거두는 효자 사업부로 발전했어요.[97] 민사고는 현재 학생 등록금과 기부금으로 운영되며, 여전히 명문고의 입지를 지키고 있어

요. 심지어 2025학년도 해외 대학교 합격생이 전국 일반계 고등학교에서 중복합격을 포함해 198명으로 가장 많았죠.[98] 전국 일반계 고등학교는 전국에 있는 일반고·자사고·외국어고·과학고·국제고·영재학교를 모두 포함한 범위입니다. '두 마리의 토끼를 잡기는 어렵다.'는 말과 달리, 결국 파스퇴르유업과 민족사관학교를 지켜낸 셈입니다. 그는 어떻게 이 모든 것을 훌륭하게 지켜냈을까요?

파스퇴르유업에서 도입했던 파스퇴르 살균법은 프랑스의 미생물학자 파스퇴르(Louis Pasteur)의 이름을 딴 방식입니다. 미생물학, 화학, 면역학 등의 분야에서 큰 업적을 남긴 파스퇴르는 "준비된 자만이 기회를 잡는다."는 명언을 남기기도 했습니다. 성공은 운에 기대는 것이 아니라, 철저한 준비와 노력을 통해 기회를 만들어내야 한다는 그의 신념이 담긴 말이었죠.

파스퇴르 살균법을 설명하는 포스터
[출처 | 시카고 보건부]

최명재 전 회장은 파스퇴르로부터 살균법만 따온 게 아니라, 준비를 강조한 삶의 철학까지 공감했는지도 모릅니다. 그는 "인생은 시간과의 싸움"이라며, 하루하루를 단거리 경주하듯 최선을 다해 뛰고 달렸다고 밝혔어요. 그는 은행원을 그만둔 이후 택시 운전사로 나선 지 2년 만에 택시를 소유하게 되었어요. 이에 만족하지 않고 끊임없이 달려 6년 만에 택시 다섯 대를 보유하게 됐습니다. 불어난 자본으로 운수회사를 설립하고, 이란에 진출했어요. 생필품을 납품하는 동시에 농산물을 이용해 무역으로 큰돈을 벌어들였어요.

중동에서 물류 사업으로 성공했지만, 60세의 나이에도 유업 사업에 뛰어들며 끊임없이 배우고 도전했어요. 새로운 사업을 준비할 때마다 그는 많은 시간을 들여 배우고, 노력했습니다. "공부 없이 시작하는 법이 없다"는 철학을 고수하며 저온살균법, 유기농 원유 생산법까지 모두 스스로 공부했어요. 어떤 일이든 철저히 준비한 결과, 우리나라 최초로 저온살균 우유를 도입할 수 있었던 거죠.

2010년 전후로 많은 사람에게 '1만 시간의 법칙'이라는 말이 알려지기 시작했어요. 어떤 분야에서 세계적인 수준에 도달하기 위해서는 약 1만 시간의 의도적인 연습이 필요하다는 내용이었죠. 이는 타고난 재능도 어느 정도 영향을 미치겠지만, 그보다는 꾸준한 연습이 더 중요하다는 점을 시사합니다.

그 시작은 스웨덴 출신의 심리학자 에릭슨(K. Anders Ericsson)의 연구였어요. 그는 음악, 스포츠, 과학 등의 영역에서 탁월한 경지에 도달한 사람들이 의도적인 연습을 얼마나 오랫동안

꾸준히 했는지 연구했습니다.[99]

그중 한 예에서는, 세계적인 바이올린 수상 경력자들이 회고하며 추정한 의도적 연습량을 측정했는데요. 수상자들은 주간 평균 연습시간이 13세 시점에서 13.7시간, 17세 시점에서 15.5시간이었다고 합니다. 그렇게 계산한 최고 수준의 연주자들의 18세까지 누적 연습량은 약 7,410시간이죠. 이는 중년의 국제 오케스트라 단원들에 버금가는 수준이었어요. 성인 전문 연주자들의 경우 음악 관련 활동을 모두 포함해 주당 약 50~60시간 동안 연주를 했으며, 이중 절반 정도가 의도적인 연습이었다고 해요.

이외에도 피아니스트, 장거리 육상 선수, 과학자 등을 대상으로 성공할 수 있었던 요소를 알아봤어요. 공통으로 목표가 있는 상태에서 집중력을 갖고 한 의도적 연습시간이 큰 영향을 미쳤다고 합니다. 그는 연령(축)에 따른 연습량과 성취도(축) 간의 관계도 설명했어요. 아래 그래프의 실선은 어린 나이에 시작해 연습량도 많은 경우로, 가장 빠르게 성장하며 최고 수준의 성취를 이룰 수 있죠. 긴 점선은 늦게 시작했지만, 연습량이 많은 경우로, 어느 정도 성취를 이룰 수는 있지만, 그 최고치가 상대적으로 낮고 성장 속도도 비교적 느립니다. 짧은 점선은 늦게 시작하고 연습량도 적은 경우로, 성장도 더디며 성취의 결과도 높지 않습니다.

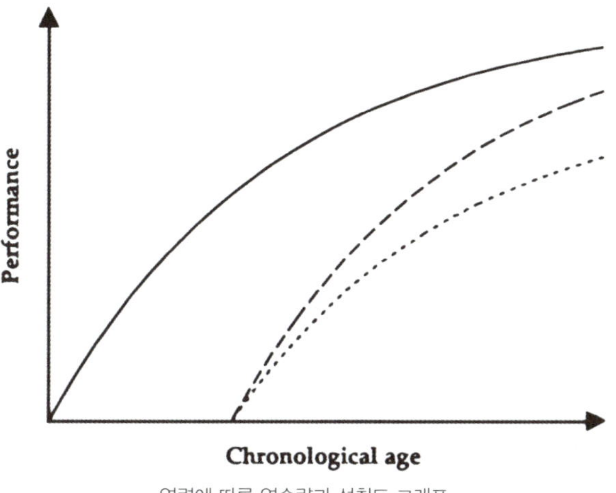

연령에 따른 연습량과 성취도 그래프
[출처 | K. Anders Ericsson et al. (1993)]

1만 시간의 법칙은 이 논문을 바탕으로 캐나다의 작가이자 저널리스트인 글래드웰(Malcom Gladwell)이 쓴 책*이 대중적으로 알려지기 시작하며 유명해졌어요.[100] 이 책은 세상에 커다란 발자취를 남긴 천재들이 이룬 성공에 관한 이야기를 다루었는데요. 빌 게이츠, 비틀즈를 비롯한 여러 성공한 사람들에게 기회가 주어지지 않았다면 그들도 성공할 수 없었을 것이라 설명해요. 성공을 위한 노력도 중요하지만, 노력하는 환경을 만들어주는 게 가장 중요하다는 내용입니다. 이를 설명하는 과정에서 1만 시간의 법칙의 중요성을 시사하기도 했어요. 에릭슨의 연구 결과 세계적인 바이올리니스트, 전문 피아니스트,

---

* 아웃라이어(Outliers, 2008)

엘리트 운동선수가 20세까지 약 10,000시간을 연습했을 것이라 예상된다는 점을 근거로 삼았죠.

하지만 에릭슨은 이후 이 법칙이 사람들에게 자신의 의도와 다른 메시지를 전달한다며 반박하는 내용을 포함한 책을 출판했어요.[1] 바이올린 전공으로 음대에 입학한 학생들의 연습시간을 측정한 결과가 약 7,410시간이었는데 이를 과장했다는 얘기였죠. 게다가 이 수치는 그저 예시에 불과하며, 10,000시간이 성공의 필수적인 요건은 아니라고 일침을 가했어요. 그는 단순한 연습이 아니라, '의도적인' 연습이 중요하다고 늘 강조합니다. 연습시간만큼 중요한 것은 꾸준하게 집중과 피드백을 통해 노력하는 의도적인 방법이라 하죠.

많은 사람은 성공을 꿈꾸지만, 성공을 위해 노력하는 정도는 모두 다르죠. 성공을 부러워하기만 하는 사람, 성공한 방법을 찾아보기만 하는 사람, 성공한 사람을 모방하는 사람, 자신만의 길을 가는 사람 등 저마다 다른 노력을 합니다. 하지만 성공한 사람 중에 노력하지 않은 사람은 없을 거에요. 그 노력은 적은 양도 아닐 것이고, 누구나 할 수 있는 쉬운 노력도 아니었겠죠. 질 높은 노력을 꾸준히 함으로써 많은 양을 해낼 때, 비로소 성공의 기회가 찾아올 겁니다.

— 메시의 성장호르몬 결핍증 | 노력을 다할 환경의 조성

2025년 7월, '축구의 신'이라 불리는 메시(Lionel Messi)가 미국 프로축구 메이저리그 사커(MLS*)에서 신기록을 달성했어요.[102] 메시가 속한 인터 마이애미 CF(Inter Miami CF**)의 2025년 7월 13일 경기를 포함해 다섯 경기 연속 두 골씩 넣은 거죠. 지난 10일 경기에서 MLS 역사상 최초로 세웠던 '4경기 연속 멀티 골' 기록을 겨우 사흘 만에 갈아치운 셈입니다. 메시는 2023년, 발롱도르***를 역대 최다인 8번째 수상하며 온갖 기록을 새로 쓰고 있어요.[103]

리오넬 메시 2023년 발롱도르 시상식 [출처 | 파리/AP 연합뉴스]

발롱도르는 한 시즌 동안 최고의 활약을 펼친 선수에게 수

---

* Major League Soccer
** Club Internacional De Fútbol Miami
*** Ballon d'Or('프랑스 풋볼'이 창설한 상)

여되며, 축구 선수로서는 가장 명예로운 상입니다. 한 번만 받아도 명예로운 상을 메시는 8번이나 받은 거죠. 2위인 호날두(Cristiano Ronaldo)는 총 5번 수상으로 메시와는 3회나 차이가 납니다. 15위로 전 시즌 리그 꼴찌였던 마이애미는 2023년 여름에 메시가 합류한 이후 리그스컵(Leagues Cup)에서 우승했고, 2024년에도 연달아 우승했어요.[104] 메시는 2024년 우승으로 개인 통산 46번째 트로피를 받았죠. '축구의 신'이라는 수식어가 아깝지 않은 메시는 자타가 공인하는 역대 최고의 축구선수입니다.

축구선수로서 할 수 있는 모든 성공을 다 이룬 것 같은 메시지만, 38세의 나이로도 여전히 새로운 기록을 쓰고 있습니다. 메시가 얼마나 더 많은 기록을 낼 수 있을지는 아직도 예측할 수 없죠. 세계 최고의 수준에 우뚝 선 메시는 명백히, 앞선 에릭슨의 논문에 나온 '어린 나이에 시작해 연습량도 많은 선수'입니다. 그와 동시에 글래드웰의 책에 나온 '노력하는 환경을 만들어주는 게 무엇보다 중요하다.'는 사실을 잘 보여주기도 하죠.

메시는 1999년, 11세의 나이에 성장호르몬 결핍증(GHD*) 진단을 받았습니다. 한창 성장기였지만, 9세 이후 약 132㎝였던 키가 1년이 넘도록 전혀 자라지 않았죠. 이를 치료하지 않으

____

* Growth Hormone Deficiency

면 최대 약 140㎝ 정도밖에 자라지 못할 거라고 예상됐어요. GHD는 3,000명에서 10,000명 중 1명꼴로 발생하며, 뇌하수체 일부가 작거나 부족해 성장호르몬 분비량이 부족한 질환입니다. 이를 치료하기 위해서는 매일 성장호르몬(hGH[*]) 주사를 하체에 자가 투여해야 하죠. 메시는 늘 주변에서 제일 작았고, 학교에서 친구들과 공을 차는 놀이를 할 때마다 배제되기도 했어요.

하지만 메시는 그보다 한참 어렸던 4살 무렵부터 탁월한 축구 감각을 보였다고 합니다. 한 인터뷰에서 메시는 자신의 첫 기억이 3~4살 무렵 동네에서 놀던 장면이라고 하며, 발 앞에 공이 놓여있는 모습이 선명하게 떠오른다고 밝히기도 했어요.[105] 메시가 태어난 가정은 축구를 매우 사랑하는 집이었고, 아버지는 지역 축구클럽인 그란돌리(Grandoli)의 코치였습니다. 자연스럽게 네 명의 형제와 사촌들과 함께 어릴 때부터 축구공과 함께 놀았다고 해요.

4살 무렵, 지역 유소년 경기에서 외할머니가 감독에게 메시를 넣어달라고 강권한 끝에 어린 메시가 경기에 투입됐어요.[106] 그리고 감독은 메시의 재능을 바로 알아봤죠. 1995년, 전설적인 축구선수 마라도나(Diego Maradona)가 뛰었던 CA 뉴웰스 올드 보이스(CA Newell's Old Boys[**])의 유소년팀에 메시는 6세

---

* human Growth Hormone
** Club Atlético Newell's Old Boys

의 나이로 입단합니다. 그는 키가 작았지만, 이 팀에서 500골 이상을 넣었고, 팀은 4년 동안 단 한 경기를 제외하고 패한 적이 없을 정도였어요.

메시는 11세부터 스스로 성장호르몬을 주사하였으나, 이는 매달 약 1,500달러의 치료비가 들 정도로 고가였어요. 메시의 부모가 이를 감당하기는 어려웠고 뉴웰스 구단에서도 일부 지원했지만, 장기적으로는 힘든 상황이었죠. 메시가 12살쯤 되었을 무렵, 성장호르몬 주사는 가족의 재정에 큰 부담이 되기 시작했습니다.

결국, 가족은 메시를 FC 바르셀로나(FC Barcelona*)의 유소년 아카데미인 라 마시아(La Masia)에 보내 입단 테스트를 받도록 했어요. 이 테스트는 메시의 축구선수로서의 미래뿐만 아니라 정상적인 삶을 살 수 있을지도 걸려 있었기에 매우 중요했죠. 그 자리에서 13살의 메시는 다섯 골을 넣었고, 코치는 2분 만에 확신해 메시를 '반드시 영입해야 할 선수'로 보고했어요. 테스트를 본 기자는 메시를 '새로운 마라도나'로 칭할 정도였어요. 이후 FC 바르셀로나 기술 이사였던 렉사흐(Carles Rexach)는 메시를 데려가려는 급한 마음에 저녁 식사 자리에서 냅킨에 계약서를 작성했어요. 이 계약서는 2023년, 경매시장에서 약 13억 원에 낙찰되기도 했습니다.[107]

＊ Futbol Club Barcelona

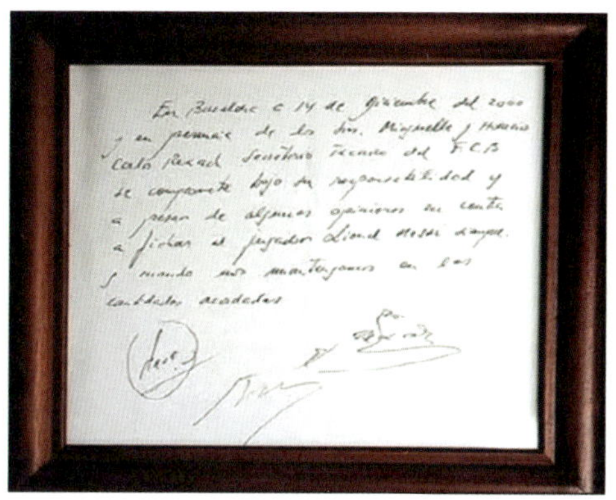

13세 메시의 냅킨 계약서 [출처 | Ba1ma (2025.4.2.)]

　당시 메시의 치료비 때문에 협상은 쉽지 않았지만, 메시의 아버지가 기다리다 다른 팀을 알아보겠다고 하자 렉사흐가 그 자리에서 급히 작성한 거죠. 계약 내용은 "메시가 바르셀로나에 입단할 경우, 치료비를 바르셀로나가 전부 부담한다."는 조건으로 이루어졌어요. 구단 내 일부 다른 의견이 있었지만, 렉사흐 본인이 전부 책임을 지겠다고 한 덕분에 성사된 계약이었죠.

　메시는 한 인터뷰에서 바르셀로나가 치료비를 지원해 주겠다는 제안을 하자마자, 자신이 가야 한다는 것을 깨달았다고 밝혔어요.[108] 치료가 절박했던 그는 코치와 팀에게 고마움을 표현하고자 부단히 노력했다고 합니다. 메시가 받은 훈련의 강도와 양이 엄청났다는 사실은 익히 잘 알려져 있죠. 메시의 동료들은 그가 실제 경기보다 훈련 경기 때 더 경쟁적이었다고 입을 모아 얘기했어요.[109] 메시는 축구를 할 때 누구보다 몰입했고, 주변에서는 메시가 공을 잡으면 왠지 모를 변화가 생기는 느낌이 들 정도였다고 했습니다.

메시는 선천적으로 체격이 작아 또래보다 불리한 조건을 지니고 있었어요. 하지만 작은 체격을 십분 활용하며 회피력과 민첩성을 어릴 때부터 발달시켜 왔다고 하죠. 특히 13세 시절, 자신의 삶을 결정지을 정도로 중요한 클럽 입단 평가를 거치며 침착성과 정신력도 이른 나이에 형성된 것 같다고 회고했어요.

역사상 가장 위대한 발명가로 불리는 에디슨(Thomas Alva Edison)은 1,093개의 미국 특허를 지녀 세계에서 가장 많은 발명을 한 사람으로 기록되어 있어요.[110] 해외 특허를 포함하면 전 세계적으로 2,332건의 특허를 갖고 있죠. 개수도 많았지만, 에디슨이 발명한 창의력과 기술력은 후대도 큰 영향을 미칠 정도로 대단했습니다. 당시 유럽과 비교하면 내세울 게 없었던 미국의 과학기술은 에디슨의 여러 발명을 통해 유럽을 압도하게 될 정도가 되었다고 해요.

하지만 잘 알려진 것처럼, 에디슨은 초등학교에 들어간 지 겨우 몇 개월 만에 '정신이 흐릿한 아이(addled)'라고 평가받았어요.[111] 교사가 이 아이는 가르칠 수 없다고 할 정도였죠. 이에 분노한 그의 어머니가 그때부터 직접 읽기, 쓰기, 산수 등의 교육을 담당했어요. 에디슨은 "어머니가 나를 만든 존재였고, 항상 나를 믿어주는 어머니를 실망시킬 수 없다는 책임감을 느꼈다."고 회고했어요.

　세계적인 수준의 업적을 이룬 위인들은 대부분 저마다의 결핍이 있었고, 이를 극복하기 위해 엄청난 노력을 기울였어요. 물론 혼자서 오롯이 그 노력을 다했다기보다는, 노력할 환경을 만들어준 조력자가 있는 경우가 많았죠. 그들은 결핍이 있었던 만큼, 모든 분야에서 뛰어나지는 않았습니다. 하지만 그럴 필요도 없죠. 누구도 메시가 발명도 잘할 수 있다거나 에디슨이 축구도 잘할 수 있다고 생각하진 않을 거에요.
　모두 잘하고 싶은 마음은 아무래도 욕심입니다. 시험 성적도 좋으면서 탐구력도 대단하고, 예체능에서도 모두 뛰어나길 바라는 것도 욕심이겠죠. 오히려 모두 잘하려고 하기보다는 자신이 잘하는 분야에만 몰입해서 그만큼 노력하는 게 나을지도 모릅니다.

— 1만 시간의 법칙과 자율주행차 | 한 분야에서의 장인

어느 나라에서든 국가 경쟁력을 높일 수 있는 인재를 양성하고 싶을 것입니다. 모두 잘하는 것은 분명 어렵고, 세계적인 위인들도 모든 것을 잘한다고는 할 수 없죠. 게임 캐릭터를 키울 때처럼 강점인 분야에서 끊임없이 노력한 사람들이 성공을 거두곤 합니다. 모든 능력치를 전부 함양하면서도 어떤 분야에서는 두드러지기를 바라는 것은 조금은 모순적으로 보이기도 해요. 어떤 사람에게나 주어진 시간은 제한적이기 때문입니다.

1만 시간의 법칙은 1만 시간 노력해야 세계적인 수준에 올라설 수 있다는 점을 시사하지는 않습니다. 각자가 하는 노력에는 집중력과 목표, 방법의 차이가 있기 마련이죠. 노력의 질이 사람마다, 분야마다 다를 텐데 단순히 노력하는 시간만 채운다고 성공할 수 있는 건 아니에요. 하지만 분명해 보이는 건 노력의 양질이 성공과 양(+)의 상관관계가 있을 것이라는 점이죠. 어쩌면 인과관계도 존재할 것이라고 해도 반박하는 사람은 적을 것 같습니다. 노력의 양이 많을수록, 노력의 질이 좋을수록 성공할 가능성이 크다는 거죠.

한 분야에서 목표를 갖고 집중해서 의도적인 노력을 꾸준히 하여 1만 시간을 채운다고 가정해 볼게요. 근로기준법 제50조

제1항에 따르면 우리나라에서 1주간의 근로시간은 휴식시간을 제외하고 최대 40시간입니다. 거꾸로 말해 평일 5일 동안 평균 8시간을 초과해서 일하는 것은 과도하게 힘들다는 것이겠죠. 글래드웰의 책에서는 노력도 중요하지만, 그사이에 이루어지는 휴식 또한 중요하다고 합니다. 그러니 그 이상 과하게 노력하는 것은 무리라고 생각해, 하루 8시간씩 5일 동안 매주 노력한다고 해보죠. 1년은 52주가 있으니, 계산해 보면 이 정도의 양으로 꾸준히 노력할 때 1년에 2,080시간이 채워집니다. 이 패턴을 유지한다면 4.8년째에 9,984시간을, 4.9년째에 10,192시간으로 1만 시간을 채우게 되는 거죠.

시간일주년시간

시간

시간일주년시간

성인이 최대한으로 근로하는 시간만큼 꾸준히 노력한다고 가정할 때, 5년 가까이 지나야 1만 시간을 넘길 수 있습니다. 5년이면 해볼 만하게 들릴 수 있지만, 사실 이 정도의 속도로 노력하기는 어렵습니다. 우리나라의 중·고등학생은 기본적으로 매주 32~33시간씩 학교에서 수업을 받기 때문이죠. 수업시간에 목표를 갖고 집중해서 수업을 들을 수는 있겠지만, 이는 의도적인 노력이라고 하기 어려울 거에요. 수업시간에는

수업을 들어야 하니 스스로의 계획대로 공부할 수 없기 때문
이죠.

쉬는 시간과 점심시간을 포함해 보통은 하루에 8시간 정도
학교에 있습니다. 아침 식사와 저녁 시간을 각각 1시간씩, 등
하교 시간을 합쳐 1시간이라 하고 수면시간을 8시간이라고 가
정하면 총 19시간으로, 5시간이 남습니다. 1시간을 휴식한다
고 하고, 나머지 시간 내내 노력한다고 하면 하루에 4시간씩
이에요. 그럼 원래 계산했던 노력량의 절반 정도이니 시간은
2배로 들어 약 10년이 걸리는 셈입니다. 학교 숙제를 한다거
나 학원에 다니거나 하면 그만큼 소요되는 시간이 늘어날 테
고요.

이렇게 현실적으로 한 분야에 큰 노력을 꾸준히 기울이기
는 쉽지 않습니다. 앞선 에릭슨의 연구에서도 세계적인 바이
올린 수상 경력자의 경우 10대일 때 주간 연습시간이 15시간
내외였죠. 성인 전문 연주자들도 의도적인 주간 연습시간은
25~30시간 정도였습니다. 주간 연습시간이 15시간이라고 가
정할 때, 13년이 지나야 간신히 10,140시간으로 1만 시간을
넘길 수 있어요. 한 분야에서만 1만 시간의 노력을 채우는 데
10년이 넘게 걸린 거죠.

2022 개정 중학교 교육과정에서는 학업 부담을 적정화하고
의미 있는 학습 활동이 이루어질 수 있게 학기당 이수 교과목

수를 8개 이내로 제한합니다. 이때 예·체능 과목(체육, 음악, 미술) 과 선택과목, 학교 자율시간에 편성한 과목은 교과목 수 제한 에서 제외돼요. 즉, 8개 과목에 예·체능 과목 3개만 더해도 한 학기에 11개 과목을 이수하는 겁니다.

또한, 교육과정에서는 '학습자의 발달 수준에 적합한 폭넓고 균형 있는 교육과정'을 강조해요. 11개 과목을 모두 균형 있게 1만 시간의 노력을 다하려면 100년으로도 부족할 텐데 말이 죠. 물론, 균형 잡힌 발달은 중요합니다. 어느 한 부분만 발달 하거나 해서 균형이 깨지면 그만큼의 부작용도 있을 거에요. 결핍을 극복하려는 노력을 다했던 위인들은 거꾸로 말하면, 균형 잡힌 발달을 하기 어려운 상황에 부닥쳐 있었다고도 할 수 있어요. 균형 잡힌 발달의 어려움은 멀티태스킹으로도 설 명할 수 있습니다.

일상생활에서 멀티태스킹이 이루어지는 대표적인 예로 운 전을 들어볼게요. 요즘은 운전면허증을 비교적 쉽게 딸 수 있 다고 하지만, 그런데도 운전은 여전히 어렵습니다. 운전이 어 려운 이유는 동시에 신경 써야 하는 일이 너무나도 많기 때문 이죠. 숙련된 운전자는 무의식적으로 쉽게 운전할 수 있겠지 만, 잘 생각해 보면 이는 그 자체만으로도 멀티태스킹 작업을 하고 있는 거에요.

운전하기 위해서는 우선 눈으로 도로 상황을 파악해야 합니다. 하지만 단순히 앞만 봐서는 안 되죠. 차에는 좌우에 달린 사이드미러와 위에 달린 백미러가 있습니다. 주행할 때 직진만 해도 되는 경우는 거의 없어요. 차선을 바꾸는 작업도 여간 어려운 일이 아닙니다. 왼쪽 차선으로 이동하기 위해서는 자신의 차를 기준으로 왼쪽 차선의 앞과 뒤의 차를 확인해야 하죠. 이때 지금의 위치만이 아니라 각 차와 떨어진 거리, 속도까지 파악해야 합니다. 그리고 왼쪽 차선으로 끼어드는 시간 동안 두 차의 이동 거리를 계산해 나와의 거리가 얼마나 될지 예측해야 해요. 보기만 하는 게 아니라, 보는 것으로부터 시작되는 정보의 파악과 순간적인 판단이 굉장히 많이 이루어집니다. 기어는 자동으로 조절되겠지만, 가속 페달과 제동 페달을 작동하는 오른발도 신경 써야 하죠. 속도를 올려야 할 때와 내려야 할 때를 순간적으로 판단하고 발의 힘을 조절해야 합니다. 운전은 보기보다 상당히 어려운 멀티태스킹 작업이에요.

인공지능(AI*)이 인간의 뇌 구조를 모방해 만들어진 것처럼, AI의 자율주행은 인간이 운전하는 과정을 모방합니다. 그 시작은 2004년 3월, 미국 캘리포니아 모하비 사막에서 열린 다르파 그랜드 챌린지(DARPA Grand Challenge)였어요.[112] 미 국방성 국방고등연구계획국(DARPA**)이 운영한 이 행사는 240㎞의 도

* Artificial Intellegience
** Defense Advanced Research Projects Agency

로주행이 가능한 자율주행차를 만드는 것을 목표로 시작되었죠. 하지만 시작하자마자 2대가 그 자리에서 멈췄고 1대는 출발하자마자 뒤집혔으며, 결승점에 도착한 차는 한 대도 없었어요. 1년 뒤에 열린 그랜드 챌린지 2005에서는 치열한 릴레이가 이어졌고, 스탠퍼드대학교의 스탠리(Stanley)가 우승했죠.

2005 다르파 그랜드 챌린지 우승 차량 'Stanley'
[출처 | Sebastian Thrun et al (2006)]

첫 대회에 참가한 팀들은 GPS를 따라 정해진 경로를 주행하려고만 했습니다. 스탠퍼드 팀은 경로 탐색보다 지형을 인식하는 기능이 더 중요하다는 것을 깨달았어요. 안전한 지형으로 주행하는 사람의 방식을 모방해서 주행한 기록으로 학습 데이터를 쌓아 머신러닝으로 학습하게 했죠. 이게 바로 자율주행 자동차의 시작이었어요.

자율주행차의 원리는 간단히 말해 매 순간 가야 할 구간과

가지 말아야 할 구간을 계속해서 판단하는 거에요. 자율주행차는 운전하는 내내 불안해합니다.[113] 안전한 구간에서는 안전하다는 신호를, 위험 요소를 발견하면 위험하다는 신호를 업데이트하기 위해 여러 센서가 필요해요. 기본적으로는 레이더와 카메라가 필요하죠. 초창기에는 라이다(LiDAR*)가 필수적이었으나, 현재는 카메라가 이를 대체할 수 있다고 여겨지고 있어요. 카메라로 들어온 이미지 정보를 신경망 기술을 이용해 인식하는 기술이 발전하면서 생긴 변화죠.

이렇게 자율주행 기술이 빠르게 발전하고 있지만, 여전히 완전자율주행은 아직도 이루어지지 못하고 있어요. 구글(Google)의 자율주행차 회사인 웨이모(Waymo LLC)는 2020년에만 3조 6천억 원에 달하는 돈을 투자받았어요. 2021년 상반기에는 2조 8천억 원을 추가로 투자받았죠. 하지만 웨이모는 2022년부터 주행을 시작한 자율주행차를 2025년 5월에 1,200대나 리콜했어요.[114] 사람이었다면 피할 수 있었을 충돌 사고가 2022년부터 2024년 사이 16건 발생했기 때문이에요. 다행히 문이나 장애물에 부딪힌 사고들이라 인명 사고는 없었지만, 아직도 자율주행은 쉽지 않다는 점을 시사합니다.

자율주행차는 100번 중 99번을 제대로 인식하는 것으로 충분하지 않아요. 단 한 번의 실수로 사람의 생명을 잃을 수도

---

* Light Detection And Ranging

있기 때문입니다. 테슬라(Tesla)는 2015년 10월에 자율주행차를 출시한 지 7개월 만인 2016년 5월, 첫 번째 사망사고를 기록했어요. 당시 테슬라 모델 S는 하얀색 트레일러의 측면을 장애물로 인지하지 못해 그대로 돌진해버렸죠. 자율주행은 기술이 매우 발전한 지금도 쉽지 않은 과제로 남아 있어요. 이는 인간이 무의식적으로 구사하는 멀티태스킹 기술이 그만큼 수준 높다는 점을 의미하기도 합니다.

멀티태스킹은 어려운 일입니다. 동시에 모든 일을 높은 수준으로 구사하는 것은 더 어렵죠. 모든 능력치가 동시에 발달하지는 않겠지만, 균형 잡힌 발달이 어려운 것도 마찬가지예요. 하지만, 자신에게 맞는 한 가지 분야를 확실하게 택한다면 그 분야에 몰입하고 집중함으로써 충분히 갈고 닦을 수 있겠죠.

우리는 한 가지 분야를 오랫동안 갈고 닦은 사람을 장인(匠人)이라고 합니다. 표준국어대사전에서는 장인(匠人)을 '손으로 물건을 만드는 일을 직업으로 하는 사람'이라고 정의해요. 오늘날 우리가 쓰는 이 개념은 이를 넘어 숙련도, 전문성, 철학적 태도를 아우르는 문화적 의미로 확장된 거죠. 모든 것을 한 번에 잘하려 하기보다 한 분야에서라도 최선을 다해 꾸준히 노력한다면, 누구나, 언젠가 장인(匠人)으로서 성공을 이룰 수 있을 거예요.

한 친구가 중소기업에 입사해 20년 동안 그 회사에서 일했습니다. 다른 친구는 대기업에서 시작했지만, 자신이 하는 일에 만족하지 못해 5년마다 이직을 반복했죠. 둘 중 어떤 친구의 모습이 자신의 미래이길 바라나요? 현실에서는 이직을 매번 성공적으로 하기도, 다음 회사에서 이를 긍정적으로 평가받기도 어렵습니다.

3부

탐구와 표현으로 연결되는 진짜 공부하기

5장

창의력은 노력을 통해 얻어낼 수 있다.

— 이태원 클라쓰와 파우스트 | 결핍을 극복하기 위한 노력

> "시간이 흐른다.
> 반복적인 하루, 지겨운 나날, 그렇게 7년이 지났다.
>
> 분명, 시간은 누구에게나 공평하게 흐른다.
> 하지만 그와 나의 시간은, 그 농도가 너무나도 달랐다."
>
> — JTBC 드라마 '이태원 클라쓰' 4화 중 최승권의 대사

JTBC 드라마 '이태원 클라쓰'에 등장하는 '최승권'의 4화 중 대사입니다. '최승권'은 무섭게 보이는 외형을 가진, 조폭이라는 과거가 있는 캐릭터에요. 주인공인 '박새로이'와는 교도소에서 처음 만났죠. 교도소에서조차 뭐든 열심히 하려고 하는 박새로이에게 자격지심을 느껴 그를 때리기도 했습니다. 박새로이로부터 자기 값어치를 헐값으로 매긴다는 일침을 듣고 발끈해서였죠. 박새로이가 자신의 가치는 스스로 정한다며 원하는 건 다 갖고 필요한 건 다 할 거라는 말에 최승권은 할 말을 잃기도 했어요.

교도소에서 출소 후, 7년 동안 박새로이는 원양어선을 타고 공사현장에서 일용직을 하는 등의 일을 하며 꾸준히 돈을 모

아요. 이는 박새로이가 교도소에서 수감생활을 하며 장기적으로 세운 계획 일부였죠. 박새로이는 억울하게 누명을 쓰고 교도소에 수감되었지만, 복수를 위해 매일 책을 읽으며 공부를 하고 계획을 세웠어요.

전과자는 이미 인생이 끝난 거나 마찬가지라고 생각하던 다른 수감자들과는 명백히 다른 모습이었죠. 교도소 안에서도 끊임없이 노력하는 모습이 다른 수감자들에게 아니꼽게 비치더라도, 그는 신경쓰지 않았어요. 계획만 세우고 실천하지는 않는 사람이 많지만, 박새로이는 묵묵하게 7년 동안 계획대로 실천해 냅니다. 심지어 원양어선과 일용직 등을 택한 건 전과자인 자신을 받아주는 곳이 한정적일 것으로 생각해서 짠 전략이었어요.

같은 시간 동안, 최승권은 조폭으로서의 일에 지쳐가고 있었습니다. 극 중에서는 오락실에서 도박하거나, 다른 무리와 패싸움을 반복하는 것으로 묘사되었죠. 최승권은 지겨운 일상 속에서 이렇다 할 보람을 느끼지도 못한 채 살아가고 있을 뿐이었어요. 살아가는 대로 그저 시간이 흘러가고 있던 와중에 박새로이를 다시 만난 거였죠. 박새로이는 계획했던 대로 7년 동안 열심히 일하고 돈을 모아서 이태원에 포차를 차립니다. 극 중 대사를 보면 몇억 원 이상은 모아야 가능한 정도였다고 해요.

JTBC '이태원 클라쓰' 4화 장면

이후 최승권은 삶을 포기하다시피 지친 일상을 반복하고 있던 자신을 돌아보게 됩니다. 박새로이를 보며 정말로 원하는 걸 하면서 사는 게 가능하다는 사실에 깊은 감명을 받은 모습이었죠. 그래서 자주 박새로이의 포차에 찾아가 혼자서도 술을 마시곤 했어요. 그러다 박새로이와 대화를 하게 되고, 박새로이의 팬이라며 그처럼 제대로 살고 싶다고 이야기합니다. 박새로이의 제대로 사는 게 뭐냐는 질문에 나쁜 짓을 하지 않고 착실하게 일하는 것이라 답하죠. 결국, 그는 조직 생활을 그만두고, 박새로이의 가게에서 일하게 됩니다.

박새로이는 대기업 회장의 아들을 만나면서 여러 고난을 겪기 시작한 캐릭터입니다. 하지만 힘들어하는 것도 잠시, 그는 복수를 위해 다시 일어서죠. 그 과정에서 많은 역경을 계속해서 만나지만, 끊임없는 노력으로 결국 큰 성공을 거두며 복수를 하게 됩니다. 최승권도 처음에는 보람을 느끼지 못하는 삶을 살아가지만, 박새로이를 만나고 새로운 삶을 위해 노력했어요. 다르게 살고자 끊임없이 노력하던 그는 박새로이와 함께 성공의 순간을 맛보게 되죠. 둘 다 결핍을 겪고 방황하지만, 노력한 결과 성공을 이루어냅니다.

누구나 살아가는 과정에서 결핍을 느끼기 마련입니다. 앞으로 어떻게 살아갈지는 이 결핍을 대하는 자세에 따라 달라져요. 결핍을 극복하고자 노력하는 길 위에서는 여러 어려움에도 처하고 방황도 하게 될 거에요. 어쩌면 그 어려움으로 인해 넘어지고, 일어나기 벅찬 상황도 닥치겠죠. 하지만 주어진 시간을 의미 있는 노력으로 채워나가면 언젠가는 성공의 달콤함을 맛볼 수 있을 거에요.

파우스트(출판사 | 현대지성)

서양 근대문학을 대표하는 괴테(Johann Wolfgang von Goethe)의 고전 작품인 '파우스트(Faust)'도 이와 비슷한 교훈을 전달합니다. 극 중 주인공인 '파우스트'는 온갖 비극을 겪으면서도 한계를 극복하고 자신의 가능성을 펼치고자 끊임없이 몸부림쳐요.[115] 이 작품은 결핍과 노력, 쾌락과 비극, 공동체를 향한 사랑 등 여러 의미를 담고 있죠.

작품 '파우스트'는 신인 주님과 악마 메피스토펠레스(메피스토)의 내기로 시작됩니다. 메피스토는 인간이 아무리 뛰어오르려 애쓰지만, 항상 땅에 처박히는 메뚜기와 같다며 비꼬았죠. 그런 메피스토에게 주님은 그런데도 "인간은 노력하는 한, 방황하기 마련"이며 "좋은 인간은 어두운 충동 속에서도 올바른 길을 찾아낸다."고 해요. 메피스토는 주님이 믿는 인간 파우스트를 타락시켜 보겠다며 주님과 내기를 합니다.

파우스트는 철학, 법학, 의학, 신학 등 모든 지식을 통달한 노학자에요. 하지만 알면 알수록 오히려 "인간은 아무것도 알아낼 수 없다."는 사실을 깨닫게 되었다며 괴로워하죠. 허무에 빠진 그의 삶은 개보다도 못하다고 비관하고, 앞으로의 삶에서 아무런 의미를 느끼지 못할 거라며 좌절합니다. 그런 파우스트의 앞에 메피스토가 나타나 살아있는 동안 종이 되어 쾌락을 느끼게 해주겠다고 유혹해요. 대신, 파우스트가 단 한 번이라도 현실에 만족하여 미래를 포기함으로써 순간을 향해 "멈추어라. 너는 그토록 아름다우니!"라고 외치면 반대로 저승에서 파우스트가 종이 되는 계약을 맺습니다.

이후 파우스트는 메피스토와 함께 마녀를 찾아가, 마녀로부터 마법 약을 받아 마십니다. 이 약을 마신 파우스트는 젊어지는 동시에, 앞으로 만나는 여인이 고대 그리스로마신화의 헬

레네처럼 아름답게 보이게
됩니다. 이후 마르가레테
(그레트헨)를 보고 사랑에 빠
지지만, 잠깐의 쾌락 이후
엄청난 비극이 펼쳐집니
다.

메피스토의 음모로 파우
스트는 얼떨결에 그레트헨
의 어머니와 오빠의 목숨
을 앗아가고 도망쳐요. 슬
픔에 빠져 반쯤 미쳐버린

감옥에서 만난 파우스트와 마르가레테
(루드비히 슈노어 폰 카롤스펠트, 1833)

그레트헨은 자신이 낳은 사생아를 우물에 던진 죄로 감옥에
갇힙니다. 파우스트는 그레트헨에게 사형이 선고되었다는 소
식을 듣고, 구출하기 위해 감옥으로 갑니다. 하지만 그레트헨
은 속죄하기 위해 스스로 형벌을 받는 선택을 해요. 게르트헨
이 죽음을 맞이하자 메피스토는 그녀가 심판받은 것이라 말하
지만, 하늘에서는 구원받았다는 목소리가 들려왔죠.

이렇게 막을 내린 1부에서 파우스트는 학자로서 공허함에
빠지는 비극과 그레트헨과의 사랑으로 시작된 파멸이라는 비
극을 겪어요. 여기까지는 파우스트가 느낀 결핍에서 출발한
사건들로 인한 비극이 드러나죠. 2부는 처형을 받아들인 그레
트헨을 두고 떠난 파우스트가 괴로워하며 언덕에서 휴식을 취

하는 모습으로 시작됩니다. 그는 무지개를 보고 노력을 통해 희망을 얻을 수 있을 거라며 원기를 회복합니다. 하지만 무지개는 희망을 나타내는 태양광이 아니라 아름답지만 허무한 반사광일 뿐이라는 의미의 표현이 잇따라 나오죠.

2부에서 파우스트는 메피스토의 도움을 받아 정치적·재정적으로 혼란을 겪고 있던 황제에게 여러 조언을 합니다. 메피스토가 마법으로 만든 종이 화폐로 파우스트는 황제의 재정을 일시적이나마 회복시켜 주기도 하죠. 이후 메피스토의 도움으로 고대 그리스로 간 파우스트는 헬레네를 현실로 불러와 사랑에 빠지게 됩니다. 그러나 파우스트와 헬레네의 아들인 유포리온은 이카로스처럼 자유롭게 하늘을 날고 싶어 하다가 추락사해요. 헬레네는 행운과 아름다움이 역시 오랫동안 함께할 수 없는 것이라며 슬퍼하다 그리스로 돌아가죠.

현실로 돌아온 파우스트는 황제를 도와 내전을 진압하고, 해안 지역과 높은 권위를 하사받아요. 사랑에 이어 성취와 권력의 맛에 빠진 파우스트는 해안 지역에 이상적인 낙원을 만들려 합니다. 시간이 흘러 노인이 된 파우스트는 풍요로운 땅에 만족하지 못하고 자신이 소유하지 못한 보리수나무 몇 그루의 결핍 때문에 고통스러워해요. 파우스트는 그곳에 사는 노부부를 내쫓게 했고, 메피스토의 계략으로 부하들은 불을 질러 노부부의 목숨을 앗아갑니다. 이후 파우스트는 근심의

저주에 빠져 눈이 멀어져 가면서도, 자신이 오랜 세월에 걸쳐 만들어낸 공간에 자부심을 느껴요. 덕분에 수백만 명이 자유롭게 살 공간을 얻게 되었다며, 날마다 자유와 삶을 정복하려 노력하는 사람들은 그 자유를 누릴 자격이 있다고 기뻐하죠. 죽음을 앞둔 파우스트는 이 자유로운 땅에서 자유로운 사람들과 지내고 싶어 하며 드디어 만족감을 느낍니다.

그렇게 순간을 향해 "멈추어라, 너는 그토록 아름다우니!"라며 외친 파우스트는 이내 죽음을 맞이합니다. 하지만 이는 이기적인 쾌락이 아닌 공동체를 향한 사랑에 의한 말이었죠. 메피스토가 계약대로 영혼을 거두려 하지만, 그 덕분에 파우스트는 천상의 존재들로부터 구원받습니다.

결핍을 극복하기 위해 각자가 선택한 노력을 다한 '이태원 클라쓰'의 박새로이와 '파우스트'의 파우스트는 수많은 고난과 방황을 겪게 됩니다. 하지만 그들은 자신의 방향성을 잃지 않고 끊임없이 노력했죠. 우리의 삶 속에서 노력하는 사람들은 대개, 노력하지 않는 사람보다 힘든 일을 더 많이 맞닥뜨리게 됩니다.

하지만 그렇다고 해서 노력을 멀리하고 쾌락만을 좇아서는 안 돼요. 필요 이상의 휴식과 일탈은 잠깐 쾌락을 느끼게 해주겠지만, 여기에서 헤어나오지 못하면 결국 비극으로 이어지기 마련이거든요. 자신의 쾌락만을 위한 이기적인 선택이 아닌, 공동체와 사랑을 위한 선택이 삶을 풍요롭게 해줍니다. 물론 어려운 선택이겠죠. 하지만 그 어려운 길을 감내하며 끊임없이 나아가기 위한 노력은 결국 우리의 삶을 구원해줄 거에요.

— 유포리온과 이카로스 | 객기로부터 이어지는 비극

자유란 무엇이고, 스스로 노력해서 얻어낸 성취는 자신에게 어떤 의미를 지닐까요? 앞선 괴테의 작품 '파우스트'에서 파우스트와 헬레네의 아들인 유포리온(Euphorion)은 땅바닥에서 만족하고 싶지 않다며 공중으로 뛰어 올라가고 싶어 했어요. 어머니인 헬레네는 유포리온에게 사고라도 날 때 가족이 입을 고통을 생각해달라며 말렸죠. 하지만 유포리온은 쉽게 얻어진 것이 싫다고, 지상에서 걷고 뛰는 것은 자신의 노력으로 이루어진 게 아니라며 뿌리칩니다.

자신의 의도에 따른 노력으로 얻어낸 것만이 자신을 진심으로 기쁘게 한다며 열망을 멈추지 못해요. 그가 멈추지 못했던 이유는 자신의 시야를 보다 넓히기 위해서였습니다. 유포리온에게는 태어날 때부터 봐 오던 익숙한 풍경이 늘 눈앞에 펼쳐져 있었어요. 하지만 그는 그것만으로 만족하지 못했습니다.

자신의 자리에 단지 서 있는 것만으로 충분하지 않았던 그는 더 멀리 보고 싶어 했죠. 자신이 진정으로 어디에 서 있는지 이해하기 위해서라도, 그는 더 높이 올라가길 원했습니다. 자신이 태어난 산과 숲속에 평화로이 머물고 있던 다른 사람들과는 다른 행보였죠. 그는 마치 징검다리를 건너가듯 하나의 위험으로부터 또 다른 위험으로 나아가며 한없는 용기로 얻어낼 자유를 꿈꿨어요.

유포리온은 골짜기 너머의 바다로 나가는 순간 자신에게는 죽음이 찾아올 것이란 사실을 분명히 알고 있었어요. 그 때문에 아버지와 어머니는 왜 굳이 아들이 평화로운 세상을 두고 고통이 넘치는 공간으로 가려 하는지 이해하지 못했죠. 닥쳐올 위험이 뻔한 곳으로 발을 내딛는 것은 오만이라고까지 얘기하며 만류해요. 하지만 유포리온은 근심과 곤궁이 함께하더라도 자유를 찾아, 모험을 찾아 나아가고 싶어 합니다. 날개는 없지만, 자유를 향한 보이지 않는 날개가 펼쳐져 위험이 도사릴지언정 자유로운 곳으로 보내주길 바랐어요. 그렇게 위험을 무릅쓰고 스스로의 노력으로 성취하기 위해 그는 안전한 땅에서 공중으로 몸을 던지게 됩니다.

유포리온['파우스트' 비극 제2부 '그늘진 숲' 장면의 삽화](V. Hofmann)

　결과만 놓고 보면 유포리온의 행동은 상식적으로 이해할 수 없는 기행입니다. 현대사회에서는 안전만큼 중요한 게 없고, 안전은 아무리 강조해도 지나치지 않다고 하죠. 유포리온은 몸을 던지는 순간 찾아올 결과를 인지하면서도 안전보다 도전을 택했어요. 하지만 이는 기꺼이 위험을 감수했다기보다는, 득이 없고 위험밖에 없다는 걸 알면서도 받아들이지 않은 결과입니다. 그로 인해 주변에 피해를 줄 것이란 사실도 명백했지만, 그는 자신의 주장을 굽히지 않았죠.

　이 행동은 진정한 의미의 용기라고 보기 어려워요. 표준국어대사전에 용기(勇氣)는 '씩씩하고 굳센 기운'이라고 나와 있어요. '씩씩하다'는 '굳세고 위엄스럽다'는 뜻이죠. 그렇다면 '굳세다'가 중복되는데, 이는 '힘차고 튼튼하다'는 뜻입니다. 하지만 이들은 모두 서로 비슷한 의미를 지니고 있어요. '힘차다'의 뜻은 다시 '씩씩하다'이고, '튼튼하다'의 뜻은 다시 '굳세다'로 돌아오거든요. 즉, 용기는 씩씩하고, 굳세고, 튼튼한 기운을 말하죠. 이 말의 그 어디에도 안전을 고려하지 않는다거나, 남의 말을 받아들이지 않는다는 의미는 들어있지 않습니다.

　유포리온의 행동은 용기(勇氣)라기보다는 객기(客氣)에 가까워요. 객기는 '객쩍게 부리는 혈기나 용기'라는 뜻입니다. 용기 중에서도 객쩍게 부린 용기가 객기라는 건데, '객쩍다'는 '행동이나 말, 생각이 쓸데없고 싱겁다'는 뜻입니다. 그리고 '싱겁다'에는 '사람의 말이나 행동이 상황에 어울리지 않고 다소 엉뚱한 느낌을 주다'라는 의미가 있어요. 즉, 쓸데없는 생각으로 비롯되거나 상황에 어울리지 않고 엉뚱하게 부리는 용기는 객기인 거죠. 상황을 제대로 파악하지 않고 주변의 만류를 무릅쓴 도전은 객기입니다.

이처럼 유포리온이 객기를 부리며 오로지 자유만을 찾아 공중으로 몸을 던질 때, 극 중 합창대는 '이카로스'를 외칩니다. 그리스로마신화 속의 이카로스 또한 유포리온과 똑같이 객기를 부리며 죽음을 맞이했기 때문이겠죠.

그리스로마신화에서 한때, 아테네의 사람들은 크레타의 왕 미노스에게 매년 일곱 명의 소년과 소녀들을 조공으로 바치고 있었어요. [116] 이 조공은 소의 몸뚱이와 인간의 머리를 지닌 괴물인 미노타우로스에게 바치는 제물이었습니다. 어느 날, 미노타우로스에게서 받는 고통으로부터 사람들을 구해내기 위해 테세우스가 나섰어요.

미노타우로스는 너무 사나워서 미궁 속에 갇혀 있었는데, 내부는 혼자 탈출할 수 없는 미로였죠. 테세우스는 왕녀 아리아드네로부터 괴물을 무찌를 칼과 실 한 타래를 받아 미궁으로 들어갑니다. 실을 풀면서 들어가 미노타우로스를 무찌른 테세우스는 다시 실을 되감으며 미궁을 탈출해요. 사람들을 미노타우로스로부터 해방시켜 준 테세우스는 아테네의 영웅으로 불리게 됩니다.

이 이야기에 나오는 미궁은 들어가면 탈출할 수 없도록 아주 교묘한 구조로 만들어져 있는데, 이는 다이달로스라는 명장이 만들었어요. 그리고 '이카로스(Icarus)'는 바로 다이달로스의 아들입니다. 다이달로스는 미노스 왕의 지시로 미궁을 만들었으나, 후에 미노스 왕의 총애를 잃고 아들과 함께 탑 속에 갇히게 됩니다. 탑은 외딴 섬 속에 있었는데, 미노스의 왕이 섬으로부터 나오는 모든 배를 감시해서 도저히 탈출할 수 없었어요.

미궁조차도 만들어낸 다이달로스는 탈출하기 위해 왕의 손길이 거치지 않는 공중으로 날아가기 위한 계획을 세웠어요. 그들은 새가 날아다니며 떨어뜨린 깃털을 주워 날개를 만들기 시작했습니다. 조그마한 깃털을 크게 합치고, 실과 밀초로 이어붙여 새의 날개를 본따 만들었어요. 날개를 만든 후에 다이달로스는 이카로스에게 나는 법을 가르쳐주기도 했죠.

이카로스의 추락
(피터 폴 루벤스, 1635–1637)

　모든 준비가 끝난 후, 다이달로스는 이카로스에게 적당한 높이를 유지해야 한다고 신신당부했어요. 너무 낮게 날면 바다의 습기 때문에 날개가 무거워지고, 너무 높게 날면 태양의 열로 날개가 녹기 때문이었죠. 다이달로스는 자신이 날아가는 높이를 잘 따라오게 했고, 부자는 공중으로 날아올랐어요.

　하지만 답답하고 지긋지긋했던 탑에서 탈출한 이카로스는 기쁨에 들떴어요. 이카로스는 너무 들뜬 나머지, 아버지의 곁을 떠나 하늘에 닿을 정도로 높이 올라갔습니다. 그렇게 아버지의 경고대로 이카로스의 날개를 고정해주던 밀초가 녹으며 깃털이 하나둘 떨어졌어요. 날 수 없게 된 그는 아버지를 향해 부르짖었지만, 이카로스는 끝내 바다로 떨어지고 말았습니다.

　'파우스트'의 유포리온과 '그리스로마신화'의 이카로스는 서로 다른 문학과 신화에서 등장하는 인물들입니다. 하지만 그들의 자유를 향한 도전은 비극적인 추락으로 이어졌다는 공통점이 있죠. 목적은 달랐지만, 둘은 모두 자신이 있는 위치에 머물러 있기를 거부했어요. 유포리온은 아무것도 모르는 채, 아무런 노력도 더하지 않은 채 땅에 머물러 있기를 거부했죠. 그는 더 많은 것을 보고 이해하고 싶어 높은 곳으로 향했어요. 이카로스는 처음 느껴보는 자유와 쾌감을 즐기며, 태양 가까이에 가고 싶어했죠. 열망을 이루기 위해 그들은 모두 부모의 만류를 무시하고, 독단적인 선택을 했습니다.

그 때문에 이카로스는 신화 속의 등장인물을 넘어 자유에 대한 열망이나 오만과 추락의 상징으로 여겨집니다. MARVEL의 영화 '이터널스(Eternals)'에 등장하는 '이카리스(Ikaris)'는 이카로스를 모티브로 한 캐릭터이기도 하죠. 언제나 가장 강했던 이카리스는 잘못된 충성심으로 동료들을 없애려 해요. 하지만 결국에는 사랑과 동료의 안전을 택하게 되죠. 충성하던 존재를 잃은 그는 동료를 해한 죄책감으로 태양 가까이 날아가 스스로 죽음을 맞이합니다.

사람은 자신이 갖지 못한 결핍을 갈망합니다. 가지고 있는 많은 것에 만족할 수 있음에도, 갖지 못한 몇 가지 때문에 아쉬워하기도 하죠. 옷장에 옷이 많이 있는 것을 알면서 자꾸 새로운 옷을 사게 되는 것도 그 때문일지 몰라요. 하지만 결핍을 극복하기 위한 노력은 신중하게 해야 합니다. 노력하기 위해 용기를 부릴 수는 있어도, 주변의 말을 무시하고 객기를 부릴 수는 없는 노릇이니까요.

　빈도나 정도는 다르겠지만, 인간은 누구나 살아가는 과정에서 어느 정도의 결핍을 느끼게 됩니다. 한 나라를 움직일 수 있는 권력을 누리던 과거의 임금도 마찬가지죠. 원하는 건 말하는 대로 실행할 수 있는 엄청난 권력의 뒤에는 시기와 음모가 뒤따라오기 마련입니다. 많은 임금은 살해의 위험과 대신들의 정치로 인한 어마어마한 스트레스 때문에 오래 살지 못했어요. 날 때부터 풍족한 채로 태어난 재벌 집안의 아이가 사랑을 충분히 받지 못하며 자라는 모습은 여러 매체에서 다뤄지죠. 그들에게는 사랑받고 어리광부려야 할 때 그러지 못한 결핍이 가슴 깊이 자리잡고 있을 거에요.

　지금 부족한 게 없다거나, 힘든 게 없다는 생각이 든다면 딱히 원하는 게 없기 때문일 수 있어요. 갖지 못한 것에 욕심내지 않고 가진 것에 만족하면 삶의 만족도도 높겠죠. 하지만 원하는 게 분명 있는데도 부족한 점을 못 느낀다면 충분한 노력을 기울이지 않기 때문일 수 있어요. ‘파우스트’의 초반, 주님이 말한 "인간은 노력하는 한, 방황하기 마련"이라는 대사는 작품 전체를 관통하는 메시지입니다. 인간은 결핍을 느끼고, 이를 극복하기 위해 방황하지만, 꾸준히 노력한다면 결국 원하는 바를 성취할 수 있어요.

하지만 원하는 성취를 얻기 위해서는 그만큼의 노력이 필요합니다. 앞선 '그리스로마신화'의 이카로스와 '파우스트'의 유포리온을 생각해 보죠. 그들의 목적은 위험을 무릅쓰면서도 미지의 세계로 나가는 것이었습니다. 도전을 두려워하거나 현재의 평화로운 삶에 만족하고 있는 다른 사람들과는 달랐죠.

반면, 이카로스와 유포리온은 결핍을 극복하기 위해 나아갔어요. 그런데도 이를 용기라고 볼 수 없는 이유는 단순합니다. 바로 충분한 노력을 기울이지 않았기 때문이죠. 유포리온은 아무런 시행착오를 겪지 않은 채 그저 뛰어내렸어요. 이카로스는 하늘을 나는 연습은 했지만, 더 높은 곳에 올라가는 시행착오를 하지 않았어요.

'아이언맨'의 비행 실험 장면(출처 | MARVEL)

MARVEL의 영화 '아이언맨(Iron Man)'에서는 천재 공학자로 묘사되는 주인공 '토니 스타크(Tony Stark)'가 비행을 위해 들인 노력이 담겼는데요. 비행을 위한 추진 장치만 해도 땅바닥에서 어떻게 작동하는지 여러 실험을 거쳐 만들었어요. 이후 실내에서 짧은 높이의 비행 연습을 여러 차례에 걸쳐 실험합니다. 이 과정에서도 실험하는 내내 영상을 촬영하며 문제점을 파악하고 피드백한 결과, 겨우 비행에 성공했죠.

모든 목표를 이루기 위해 수많은 노력과 시행착오를 기울여야 하는 것은 아닙니다. 하지만 목표가 높다면 그만큼 성취하기 위한 노력도 많이 필요하겠죠. 아기는 하루아침에 걸을 수 있는 게 아닙니다. 목을 가누고 뒤집기를 한 다음에는 기어 다니기 시작하죠. 그러다 벽이나 물건을 잡고 일어나다가 언젠가부터 걷기에 성공해요. 이 과정은 이미 걸어 다니고 있는 사람의 입장에서는 당연하게 보일지 모릅니다. 하지만 아기의 입장에서는 수많은 시행착오를 거친 후의 성취에요. 아기가 처음 걷기 시작한 순간을 부모가 환호하고 축하하는 것은 아기가 스스로 이뤄낸 첫 성취이기 때문이 아닐까요.

이카로스와 유포리온의 도전이 비극으로 끝났던 이유는 헛된 꿈을 꾸었기 때문이라서가 아닙니다. 물론 날개가 없는 사람이 새처럼 자유롭게 하늘을 날아다니는 것은 헛된 꿈처럼 보이기도 해요. 하지만 이를 이루기 위해 충분히 준비하고 수많은 시행착오를 거친다면 꿈은 해낼 수 있는 목표로 변합니다. 그리고 구체적인 목표는 끊임없는 노력을 통해 이뤄낼 수 있죠.

먼 옛날부터 사람들은 하늘을 날고 싶어 했습니다. 전해지는 바에 따르면 852년, 스페인의 발명가 피르만(Armen Firman)이 인류 역사상 처음으로 비행 시도를 했다고 합니다.[117] 하지만 이렇다 할 비행 기술이 나오지 않은 채, 천년 가까이 지났어요. 그리고 1783년 11월 21일, 프랑스의 몽골피에(Montgolfier) 형제가 만든 비행기구가 최초로 사람을 태우고 공중에 뜨는 데 성공했어요.[118] 비행기가 아닌 열기구였지만, 25분간 파리의 상공을 비행했죠.

현대 비행기의 개념은 1799년, 영국의 발명가이자 비행사였던 케일리(George Cayley)가 정립했어요. 고정된 날개와 동체, 수직·수평 꼬리 날개를 갖추고 있었는데, 열기구와 달리 공기보다 무거운 최초의 비행체였죠. 그는 동그란 은색 금속판에 비행기의 설계도를 스케치했습니다.[119] 이후 1804년에는 소형 비행모델인 글라이더라는 개념을 제시했죠. 이 개념들을 바탕으로 약 100년간, 여러 사람이 비행기 개발을 시도했어요. 모두 실패였지만 그들의 시행착오를 바탕으로 다양한 지식이 차곡차곡 쌓여갔어요.

비행기 설계도 판화(케일리, 1799)

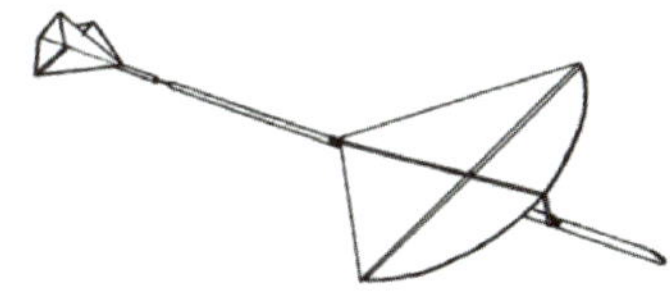

글라이더(케일리, 1804)

그리고 1896년 5월 6일, 미국의 천체물리학자 랭글리(Samuel P. Langley)가 최초의 무인 비행기로 성공적인 비행을 마쳤어요.[120] 항공 관련 최고 권위자였던 그는 미국 정부로부터 당시 엄청난 거금인 5만 달러를 지원받아 군용 항공기 개발에 착수했죠.[121] 그리고 1903년 10월 7일, 포토맥강 강가에 모인 많은 사람 앞에서 이륙한 비행기는 떠오르지 못하고 강으로 추락했어요. 랭글리는 비행기 동체에는 전혀 문제가 없으며 발사장치 때문에 실패했다고 기자회견에서 발표합니다. 하지만 두 달 뒤인 12월 8일, 같은 장소에서 그의 이륙은 똑같이 실패했어요. 미국 정부의 막대한 지원을 받았으나 실패한 그를 향해 언론들은 등을 돌렸죠.

이제 드디어 세계 최초로 동력 비행기를 만들고 비행에 성공한 라이트형제(Wright Brothers)의 이야기를 시작해보죠. 미국인 아버지가 프랑스에서 사다 준 장난감 비행기를 본 어린 형제는 하늘을 날고 싶다는 꿈을 가졌어요. 여유로운 형편이 아니었던 그들은 고등학교 졸업 직후 공장에 취직합니다. 여러 가지 기술을 익히고 1892년, 자전거 가게를 차렸어요. 자전거를 만들거나 고치는 와중에도 비행기 제작을 위한 연구와 토론은 계속됐죠.

1896년, 글라이더의 황제라 불리던 독일의 발명가 릴리엔탈(Otto Lilienthal)의 사망 소식을 신문으로 접한 둘은 충격을 받았어요. 릴리엔탈은 형제가 비행기 제작에 의문을 가져 편지를 보낼 때마다 매번 설명을 상세하게 답해준 사람이었죠. 이후 형제는 비행기를 만들겠다는 결심을 더욱 확고히 갖게 되었어요. 비행기에 대한 정보를 좀처럼 얻지 못하던 그들은 1899년, 스미스소니언(Smithsonian Institution)에서 각종 정보를 제공한다는 사실을 알게 됩니다.

스미스소니언에 사정을 설명하고 정보를 요청한 지 약 10일 후, 여러 설명과 사진, 설계도면 등의 정보를 받습니다. 형제는 이를 분석한 결과, 가장 중요한 것은 비행기 동체의 구조가 아니라 조종술이라는 점을 깨달았어요. 그리고 1900년, 첫 글라이더 실험 이후 조종 문제를 해결하려 노력합니다. 수많은 시행착오 끝에 1902년, 죽음의 계곡(Kill Devill Hills)에서 그들은 글라이더의 비행을 성공시킵니다. 하지만 이 글라이더에는 엔진이나 프로펠러가 없어서 마음대로 하늘을 날지는 못했어요. 자동차의 엔진은 날기에 너무 무거웠고, 그들은 3년에 걸쳐 가벼운 엔진을 만들기 시작했습니다. 그러면서 600회 이상의 실험 비행을 통해 조종성, 안정성, 양력 등의 자료를 확보해 나가며 동력 비행기 제작에 돌입했어요.

1903년 3월 23일, 엔진이 완성된 후에 형제는 미국에 동력 비행기의 특허를 신청합니다. 그리고 1903년 12월 17일, 라이트형제는 사람들에게 초청장을 보냈지만, 이때는 랭글리의 실패가 보도된 지 열흘도 지나지 않을 때였어요. 최고 권위자

의 실패로 비행기 제작은 꿈도 꾸지 못하던 때, 참석한 5명만
이 인류 역사상 최초로 하늘을 나는 비행기를 목격했습니다.
라이트형제가 만든 Flyer 1호는 12초 동안 36m를 날며 첫 비
행에 성공했어요. 몇 번의 시도를 더 해, 형제는 59초 동안
260m를 날아가는 유인 동력비행에 성공합니다.

라이트형제의 첫 비행 장면[출처 | Wright Brothers Museum]

"로마는 하루아침에 만들어지지 않았다."는 서양의 오래된
속담이 있죠. 라이트형제가 비행기를 만들었던 과정은 결코
가벼운 노력으로 이루어진 게 아니었습니다. 그들은 어린 시
절부터 꾸준히 함께 연구하고 토론했어요. 이해하지 못하는
내용이 있다면 다른 전문가들에게 수도 없이 편지를 보내 도

움을 요청했습니다. 정보가 부족했던 그들은 재단의 과학 협회에 편지를 보내서 새로운 정보를 얻기도 했죠. 열심히 공부하고 연구하며, 현재 존재하지 않는 기술이 필요하다면 새로 만들어내기도 했어요. 그 과정에서 오랜 시간이 걸렸고, 많은 시행착오가 있었지만, 결코 좌절하지 않았습니다.

끊임없이 몇 년을 연구하고, 몇백 번 이상의 비행 실험을 거친 노력의 결과, 라이트형제는 인류 최초로 비행에 성공했습니다. 2003년, 한 세계적인 항공 분야 언론사에서 뽑은 '항공 우주 분야의 가장 위대하고 영향력 있는 인물 100명'에서는 라이트형제가 1위를 차지하기도 했어요.[122] 라이트형제의 비행기를 시작으로, 현대에는 항공기와 제트기, 로켓 등이 만들어지는 시대가 열렸죠.

항공 관련 최고 권위자조차도 실패했던 그때, 이름도 알려지지 않았던 두 명이 세상을 바꿨습니다. 날 때부터 땅에 두 발을 딛고 살아가는 우리의 영원한 열망이 이뤄지는 순간이었죠. 라이트형제의 성공 덕분에 인류는 하늘로, 더 나아가서는 우주로 나아갈 수 있었어요. 그리고 우주를 넘어, 라이트형제는 꿈을 향해 끊임없이 노력하면 결국 이뤄낼 수 있다는 값진 희망을 인류에게 선물했습니다.

라이트형제가 비행기를 만들어 비행에 성공한 1903년 이후, 세상은 빠르게 달라졌어요. 천 년이 넘도록 하늘에서 10초도 떠 있지 못했던 인간이었습니다. 하지만 곧이어 1914년, 제1차 세계대전이 발발하면서 비행기는 정찰의 목적에서 전투기로, 이윽고 폭격기로도 쓰이기 시작했죠.[123) 항공기는 처음 개발된 지 20년도 채 지나지 않아, 제1차 세계대전이 끝나는 1918년까지 18만 대 이상 생산되었어요.[124) 그리고 얼마 지나지 않아 제2차 세계대전을 맞이하며, 항공기는 전쟁에서 더욱 적극적으로 쓰이게 됩니다.

1957년 10월 4일, 소비에트 연방은 최초의 로켓인 스푸트니크(Sputnik) 1호를 성공적으로 발사했어요.[125) 1945년에 끝난 제2차 세계대전 이후였던 만큼, 미국은 기술개발의 필요를 느낍니다. 그래서 1958년, 항공우주 경쟁을 위해 NASA*를 창설하죠.[126) 이후로 기술은 빠르게 개발되며 인류는 우주의 비밀을 하나하나 파헤쳐나가고 있어요. 현대로 넘어와 항공우주 관련 기업 SpaceX에서는 민간 우주선을 만들기 위해 노력하고 있습니다. 2022년에 CEO인 머스크(Elon Musk)는 2~3년 이내에 우주선 발사 비용이 1,000만 달러 이하가 될 것으로 전망하기도 했어요. 처음 비행을 성공한 1903년부터 현재인

---

* National Aeronautics and Space Administration

2025년까지 인류의 기술 발전은 괄목할 만하죠.

19세기까지 누군가 하늘을 날고 싶다고 하면 주변에서 어떻게 생각했을까요? 아마 지금의 현실에서 불가능한 일을 얘기할 때와 같은 반응이지 않을까요. 누군가 시간여행을 하고 싶다거나 순간이동을 하고 싶다고 말할 때와 비슷할 것도 같아요. 그때까지 세상에 비행기라는 것은 존재하지 않았으니까요. 하지만 지금은 하늘을 날고 싶어 하는 사람에게 조용히 비행기를 가리키면 됩니다.

생각해 보면 주변에 하늘을 날고 싶어 하는 사람이 별로 없을 거에요. 더 이상 하늘을 나는 것은 인간에게 있어 꿈이라고 할 만큼 대단한 일이 아닌 거죠. 인간이 하늘을 날고 싶다는 강한 열망을 지녔던 것은 그게 불가능한 일이었기 때문입니다. 당시에는 그 또한 인간이 할 수 없는 결핍이었어요. 하지만 끊임없는 노력으로 꿈을 이뤄낸 사람들은 기존에 없던 것을 새롭게 만들어냈어요. 그 덕분에, 비행은 이룰 수 없는 꿈에서 얼마든지 가능한 일로 변했어요.

표준국어대사전에서 '창의성'이란 '새로운 것을 생각해내는 특성'이라고 나와요. 여기에서 중요한 건 '만들어내는'이 아니라 '생각해내는'이라고 표현되었다는 점이에요. 창의력이 높다는 것은 결국 새로운 것을 잘 생각해낸다는 거죠. 현실적으로 새로운 것을 만들어내기 위해서는 창의력과 이어지는 또 다른 능력이 필요합니다.

미국의 심리학자 가드너(Howard Gardner)는 다중지능이론을 제시하며 인간의 지능을 IQ와 같은 하나의 지표로 해석할 수 없다고 주장했어요.[127] 인간의 지능이 7가지 종류의 독립적인 지능으로 각각 이루어져 있다는 논리였죠. 그 7가지는 각각 논리-수학 지능, 언어 지능, 음악 지능, 공간 지능, 신체-운동 지능, 대인관계 지능, 자기 이해 지능이에요. 그리고 나중에 8번째로 자연탐구 지능을 추가했어요.[128] 논리-수학 지능이 높지만, 신체-운동 지능이 낮을 수도 있고, 공간 지능이 높지만, 언어 지능이 낮을 수도 있다는 말이죠.

가드너는 책에서 다루지는 않았지만, 창의성과 같이 인간 발달에 있어 핵심적인 요소들도 분명 중요하다고 강조했어요.[129] 동시에 창의성은 지능의 사용 방식이며 지능 그 자체는 아니라고 설명했죠. 가드너에 따르면 창의성은 한 종류의 지능에만 속하지 않아요. 그는 여러 종류의 창의성이 각각의 지능 안에서 다양하게 발현될 수 있다고 했습니다. 가령, 언어 지능이 높은 사람은 시적 창의성이, 공간 지능이 높은 사람은 디자인 창의성이 높을 수 있다는 거죠.

다중지능이론을 이용하면 창의성의 의미를 좀 더 깊게 해석해볼 수 있습니다. 자연 속에서 날아가는 새를 관찰하며 '인간도 날개가 있다면 날 수 있지 않을까?'라는 생각을 가졌다고 해보죠. 이는 자연탐구 지능을 창의적으로 사용한 경우라고 볼 수 있어요. 만약 이 영감을 시로 표현하거나 노래로 만들었다면 각각 언어 지능, 음악 지능이 창의적으로 발휘된 거죠. 비행기를 만드는 과정에서는 논리-수학 지능과 공간 지능, 신체-운동 지능 등의 다양한 지능이 창의적으로 결합되어 작용해요. 즉, 여러 지능을 갈고 닦으면 다양한 분야의 창의성을 발휘하며 복합적인 문제를 해결할 수 있습니다.

20세기를 대표하는 네덜란드의 판화가이자 드로잉화가, 그래픽 디자이너인 에셔(M. C. Escher)는 '그림의 마술사'라고 불립니다.[130] 그의 작품은 실제로는 존재할 수 없는 구조물이나 공간을 실제로 존재하는 것처럼 그려내며 인식을 무너뜨리곤 하죠. 늘 보던 자연이나 일상 속의 현실처럼 보이지만, 자세히 보면 부조리하게 느껴지는 작품이 여럿 있습니다. 심지어 더 깊이 들여다보면 현실에서 존재할 수 없는 초현실적인 모습을 나타내죠. 그는 수학을 전문적으로 공부하지 않았지만, 철저하게 수학적으로 계산된 선으로 그러한 느낌을 표현해 냅니다.

1898년에 태어나 토목기사인 아버지를 둔 에셔는 어릴 때부터 그림 그리기를 좋아했습니다. 그는 1916년에 첫 작품을 그렸는데, 1910년대에는 주로 간단한 스케치를 그리다가 풍경화를 점차 그리게 되죠. 1919년에는 아버지의 영향으로 건축 공예 학교에 입학해 건축을 배우기도 했어요. 하지만 그의 재능을 알아본 교수의 권유로 곧 그래픽아트에 빠지게 됩니다.

그리고 1922년, 스페인 여행을 떠난 그는 그곳에서 독창적인 예술세계로 빠지게 되는 첫 번째 전환점을 맞이해요. 스페인의 알함브라(Alhambra) 궁전을 방문한 그는 아라베스크의 평면분할 양식과 기하학적 패턴 등에 반해버렸죠. 그 직후 무어인이 만든 타일을 작품으로 표현하기도 했어요. 이때부터 주로 풍경화와 정물을 그리던 작품의 방향성이 서서히 변하기 시작합니다.

그러다 1936년에 다시 한번 알함브라에 방문한 그는 이 여행을 '인생을 통틀어 가장 값진 여행'이라고 표현했어요. 여행을 다녀온 에셔는 독특한 기하학적 문양을 자신의 작품에 도입하기 시작했습니다. 이때부터 작품에 대칭과 패턴, 공간의 환영 등과 같은 수학적인 영향이 나타나기 시작해요.

1937년, 에셔는 한 종류의 도마뱀으로 평면을 채우는 그림을 그려냅니다. 그러다 간단한 도형인 정사각형 모양이 점차 도마뱀으로 변해가는 그림도 그렸어요. 1938년에는 새와 물고기만으로 평면을 가득 채우더니, 이내 '낮과 밤(Day and Nigh)'이라는 작품을 만들었어요. 직사각형 모양의 밭의 실루엣은 점점 거위로 변합니다. 하얀 거위와 검은 거위가 교차하는데, 이는 각각 낮과 밤의 이미지를 상징해요. 모자이크 양식과 형

태심리학의 모티브를 적절히 구현함으로써, 에셔의 초기 목판
화 중 가장 뛰어나다고 여겨지는 작품이죠.

낮과 밤(에셔, 1938)

에셔의 몇몇 작품을 보면, '수학자가 아닐까?'라는 생각이
들 정도로 수학적 원리를 완벽하게 적용해 내기도 해요. 우
리가 흔히 보는 벽이나 천장, 바닥의 타일은 평면을 빈틈이
나 포개짐 없이 덮습니다. 이를 수학적인 용어로 '테셀레이션
(Tesselation)'이라고 해요. '네모난 돌'이라는 뜻을 가진 라틴어
'tesella'에서 유래한 용어입니다. 에셔의 그림은 여백이나 겹
쳐지는 부분이 없이 테셀레이션을 구현한 작품이 많아요. 특
히 테셀레이션을 이용한 평면분할(Regular Division of The Plane)은
다섯 종류의 시리즈로 만들었어요.

이외에도 자연에서 강의 물줄기나 번개, 나무의 뿌리나 줄기를 보면 뻗어 나가는 모습이 어디에서 봐도 비슷한데요. 이처럼 작은 구조가 전체와 비슷한 형태로 끊임없이 반복되는 구조를 '프랙탈(Fractal)'이라고 합니다. '조각난', '부서진'이라는 뜻의 라틴어 'fractus'에서 유래됐죠. 에셔는 테셀레이션과 프랙탈을 동시에 표현한 작품도 여러 가지를 만들었습니다.

무한원형Ⅳ(천국과 지옥)(에셔, 1960)

테셀레이션과 프랙탈은 에셔의 대표작인 무한원형(Circle Limit) 시리즈에서 잘 드러납니다. 그중 가장 유명한 작품이 4번째로 만든 '천국과 지옥(Heaven and Hell)'이에요. 작품에서 천사와 악마의 형상을 중심으로부터 바깥으로 축소해 나가며 여러 차례 반복해서 그렸어요. 반복적인 패턴으로 천사와 악마가 만들어내는 무한한 세계를 극적으로 표현하고 있죠. 대칭적인 기법을 통해 선과 악이 대립하는 게 아닌, 공존하는 관계가 될 수 있음을 보여줍니다.

에셔의 작품은 사물과 생물 간의 경계만이 아니라, 시간과 공간의 경계도 허물어내는데요. 이를 통해 현실적으로 불가능한 세계를 표현하기도 합니다. 각 부분에서는 오류가 없지

만, 전체적으로 보면 존재할 수 없는 형태죠. 에셔는 이런 부
조화로 착시를 만들기도 합니다. 그중 대표적인 작품이 폭포
(Waterfall)인데요. 현실에서 존재
할 수 없는 수학적 도형인 펜로
즈 삼각형을 이용한 작품입니
다. 수로를 따라 흐르는 물이 물
레방아로 떨어지는데, 떨어진
물은 원래 자리로 돌아가죠. 원
근법의 왜곡을 이용해서 만들어
낸 불가능한 세계에요.

폭포(에셔, 1961)

　에셔의 작품은 오늘날까지도
많은 예술가, 건축가, 수학자,
음악가, 디자이너 등 다양한 직종의 사람들에게 영감을 줍니
다. 에셔의 작품은 '융합'이라는 개념이 없었던 20세기 초에
시대를 앞선 창의성을 보여주죠. 창의성이란 존재하지 않던
비행기를 생각해 내거나 만들어내는 것처럼 무에서 유를 창조
해야 하는 것만이 아닙니다. 에셔의 눈처럼 우리 주변에서 흔
히 볼 수 있는 자연과 일상을 조금만 다르게 보면, 놀랍도록
새로운 세계가 눈 앞에 펼쳐질 거에요.

- 지브리 스타일의 챗GPT 이미지 | 할루시네이션과 창의성

2025년 초, 생성형 AI인 챗GPT로 일본 애니메이션 제작사 '스튜디오 지브리'(Studio Ghibli) 스타일의 이미지를 생성하는 게 유행이었죠. 챗GPT를 만든 OpenAI는 4월 1일, 챗GPT의 주간 활성 이용자 수가 3월 말 기준 5억 명을 넘었다고 밝혔어요.[131] 출시된 지 2년 4개월밖에 되지 않았다는 점을 고려하면 더더욱 믿기 어려울 정도의 성공이죠. 게다가

[출처 | 심희정 (2025.4.3.)]

2024년 말의 이용자 수는 약 3억 5천만 명이었어요.[132] 그에 비해 42% 이상 급증한 수치였습니다.

겨우 3개월 만에 이용자의 수가 이렇게나 가파르게 증가하게 된 결정적인 요인은 3월 25일에 이루어진 업데이트 덕분이었어요. 당시 최신 GPT-4o 모델을 기반으로 한 새로운 이미지 생성 기능이 도입되었는데요.[133] OpenAI의 CEO 알트먼(Sam Altman)은 "GPT-4o의 이미지 생성 기능은 단순히 예술적 창작을 넘어 실용적이고 정확한 결과물을 제공하는 데 초점을

맞췄다."고 밝혔어요.

　지브리 스타일의 이미지 생성이 폭발적인 인기를 얻으며, 세계적으로 유행이 빠르게 퍼졌어요. 하지만 이와 동시에 AI에게는 저작권과 윤리에 대한 의식이 없다는 점에서 비롯해 창의성과 모방의 경계에 관한 논란도 많았죠. 뿐만 아니라 예술가들이 오랫동안 갈고 닦은 그림체를 1분도 안 되는 시간 내에 모방해 낸다는 점도 문제였어요. 지브리의 미야자키 하야오 감독은 약 10년 전인 2016년 일본 NHK에서 방영된 다큐멘터리에서도 이미 인공지능 기술을 비판한 바 있어요. 그는 "인공지능 기술을 내 작업에 쓰고 싶지 않다."면서 삶 자체에 대한 모욕이라고 느낀다고 할 정도였죠.

　일본의 유명 애니메이션 '원피스'의 이시타니 메구미 감독은 4월 1일, "지브리의 이름을 더럽히다니, 절대 용서하지 않겠다."며 분노했어요.[134] 그는 챗GPT가 쉽게 지브리 애니메이션 풍의 이미지를 생성하는 점에 '지브리 애니메이션이 싸구려 취급받는 것'이라고 표현하기도 했습니다. 일본 애니메이션 나루토, 포켓몬스터 등을 작업한 미국 출신의 헨리 서로우(Henry Thurlow) 감독도 3월 28일에 이 현상을 비판했어요. "AI로 지브리 이미지를 만드는 사람들은 원작 아티스트를 화나게 하는 것 외에는 아무것도 얻지 못할 것이다."고 일침을 가했죠. 누구나 올림픽 선수가 될 수 없는 것처럼, 좋은 예술가나 감독이 되기 위해서도 평생 노력해야 한다는 사실은 변하지 않는다고 강조했어요.

　이처럼 챗GPT의 지브리 스타일 이미지 생성이 논란이 되는 이유는 예술적 '스타일'이 저작권으로 보호받지 않기 때문이에요. 저작권법은 이미 완성된 작품을 보호해 주지만, 누군가의 스타일을 모방하는 행위는 법에 저촉되지 않아요.

'원피스' 단행본 1권

'레이브' 단행본 1권

　이를 잘 보여주는 예시로 일본의 만화 '원피스'와 '레이브'가 있어요. 원피스와 레이브는 그림체가 서로 비슷하다며 팬들 사이에서는 두 작가 간의 관계도 많은 관심의 대상이었어요. 이 때문에 레이브의 작가 마시마 히로가 원피스의 작가 오다 에이치로의 문하생이었다는 루머도 있을 정도였죠. 하지만 이는 사실이 아니며, 둘은 모두 만화 '드래곤볼'의 작가 토리야마

아키라에게 영향을 받았다고 합니다. [135]

두 작품은 초반 그림체가 비슷하다는 이유로 비교되기 일쑤였어요. 심지어 주인공의 성격과 연출, 배경 등까지도 비슷한 부분을 찾아내는 누리꾼들도 있었죠. 하지만 두 작품은 모두 소년만화의 요소를 잘 반영했을 뿐이었습니다. 같은 작가로부터 각자 영향을 받았기에 어쩌면 비슷한 게 당연하게 여겨지기도 합니다. 그런데도 두 작품은 모두 표절 등의 이유로 처벌받지 않았어요. 작품의 중반부터는 각자의 방향성이 확실해지면서 더 이상 비슷한 작품으로 느껴지지도 않았죠. 작품의 스타일만으로 저작권을 논하기는 어렵습니다. 저작권을 논하면 어디부터 어디까지로 할지, 구체적으로 무엇을 기준으로 정할지도 애매한 부분이죠.

하지만 챗GPT를 개발한 OpenAI에서는 여러 저작권 소송 문제에 늘 휘말리고 있어요. 그 때문에 문제가 생길 때마다 특정 프롬프트의 접근을 제한하기도 했습니다. 지브리 문제도 논란이 커지자 즉시 조치를 취해, 챗GPT는 지브리 스타일의 요청에 "콘텐츠 정책에 위배된다."는 답변을 하도록 변경되었어요. [136]

접점이 없는 두 작가의 그림체가 비슷한 이유는 같은 작가에게 많은 영향을 받았기 때문이겠죠. 하지만 같은 작가에게 영향을 받았다고 하더라도, 항상 그 결과물이 똑같진 않아요.

그런데도 작품의 주제가 비슷하거나 작품의 연재 기간이 길어지거나 하는 등의 이유로 비슷한 부분은 종종 나타날 수 있습니다.

챗GPT가 지브리 스타일의 그림을 그릴 수 있는 것도 이와 마찬가지입니다. 앞서 말했듯, 챗GPT의 핵심은 대규모 언어 모델(LLM)이에요. 엄청나게 많은 문장을 분석하며 자동으로 학습하고, 다음 단어를 예측하는 확률을 높여나가죠. LLM의 방식은 기본적으로 사용자가 입력한 문맥을 파악해서 다음에 올 가능성이 가장 큰 단어나 문장을 예측하는 거에요. 이름에 '초거대'라는 말이 들어갈 만큼, LLM은 세상에 존재하는 모든 웹 사이트에서 엄청나게 거대한 양의 정보를 학습합니다.

여기에서 나름의 문제는, LLM은 자신이 학습한 문장이 참인지 거짓인지 판별하지 못한다는 점이에요. LLM은 단순하게 자신이 조회한 모든 문장을 받아들일 뿐입니다. 학생들이 공부할 때 개념의 의미를 이해하지 못한 채 그저 외우는 방식과 유사하죠. OpenAI의 핵심 연구원이었던 카르파시(Andrej Karpathy)는 LLM이 문장을 생성하는 과정은 우리가 꿈을 꿀 때와 비슷하다고 표현했어요.[137]

자면서 꿈을 꾸다가 일어났을 때, 우리는 분명 꿈을 꾼 기억이 있지만, 그 기억은 흐릿하고 희미하게 느껴지죠. 꿈을 꾸었다는 것도 사실인지 아닌지조차 불명확합니다. 어릴 때 친하게 지냈던 친구를 오랜만에 만났을 때, 그 친구가 기억하는 사소한 일까지 똑같이 기억하진 못해요. 친구가 하는 말을 공감하면서도 자신이 정말 기억하는 것인지, 그에 맞춰서 만들어 내는 말일지 확신도 없을 거에요.

LLM은 방대한 자료를 모두 기억하고 있을 정도로 기억력이 좋지만, 이는 그저 희미한 기억이에요. 흐릿한 기억을 바탕으로 LLM은 최선을 다해 꿈속에서 있었던 일을 끄집어냅니다. 그러면서 가장 높은 확률로 주어진 맥락에 맞다고 생각되는 말을 할 뿐이에요. 그러다 보면 사실이 아닌, 엉뚱한 정보를 정답처럼 얘기하기도 하죠.

챗GPT는 초창기에 더더욱, 강한 확신을 갖고 사실이 아닌 정보를 얘기해서 사용자들에게 신뢰를 잃는 경우가 여럿 있었어요. 가장 유명한 사건은 아마 2023년 2월 '세종대왕 맥북 던짐 사건'일 거에요.[138] 한 사용자가 "조선왕조실록에 기록된 '세종대왕의 맥북 프로 던짐 사건'에 대해 알려줘."라고 입력한 게 시작이었어요.

조선이 어느 시대에 있었는지 아는 사람이라면 누구나 말도 안 된다고 대답했겠죠. 하지만 챗GPT는 확신을 갖고 "15세기 세종대왕이 새로 개발한 훈민정음(한글)의 초고를 작성하던 중, 문서 작성 중단에 대해 담당자에게 분노하여 맥북 프로와 함께 그를 방으로 던진 사건입니다."라고 대답해 버렸어요. 심지

어 이를 '역사 서적인 조선왕조실록에 기록된 일화'라고 소개
했죠. 2022년 11월 30일에 챗GPT가 출시된 이후, 3개월도 지
나지 않았을 때입니다. 2025년 4월에는 챗GPT에게 나뭇가지
와 낙엽이 뒤덮인 사진을 보여주며 뱀이 어디 있냐고 물어보
자 없는 뱀을 만들어내기도 했어요.[139)]

원본에 없었던 뱀의 형상을 만든 챗GPT[출처 | 류청희 (2025.4.22.)]

당시 사람들은 챗GPT를 신뢰하지 못하겠다고도 했으나, 전
문가들은 오히려 챗GPT의 우수성 때문에 생겨난 일이라고 설
명해요. 이는 '환각'이라는 뜻의 '할루시네이션(Hallucination)' 현
상이라고 불립니다. 챗GPT는 LLM에 의해 학습한 정보를 바
탕으로 가장 높은 확률의 단어를 선택해 문장을 만들어내요.

이 확률은 인위적으로 조정할 수 있는데, 자율성을 높일수
록 다양한 질문에 유연하게 대처할 수 있어요. 자율성을 너무
낮추면 정보의 원문만을 가지고 곧이곧대로 대답할 뿐이지만,
챗GPT는 자율적으로 문장을 생성하죠. 사람들도 흐릿한 기억

속 과거의 일을 이야기할 때, 확실하지 않더라도 앞뒤 상황을 고려해서 문장을 만들어내곤 하잖아요? 어떨 때는 좀 더 재미있게 얘기하거나 극적으로 표현하기 위해 거짓 정보를 섞어서 사실처럼 얘기하기도 합니다.

'영화 한산 | 용의 출현'에서도 영화의 극적인 효과를 위해 역사와 사뭇 다른 묘사를 했는데요. 1592년 7월 8일, 한산도 대첩에서 일본군은 대선 35척, 중선 17척, 소선 7척을 잃었으나, 아군의 피해는 선박 피해도 없이 극히 미미하다고 알려져 있죠.[140] 하지만 영화에서는 대치하는 아군의 피해도 꽤 그려집니다. 분명 이는 역사적으로 보면 왜곡이겠지만, 영화로서의 극적인 묘사로 여겨져요.

생성형 AI의 할루시네이션은 초기에 오류로 받아들여졌어요. 하지만 현재, 전문가들은 할루시네이션이 '창의성'과 본질적으로 다를 게 없다고도 말합니다. '창의성'을 바탕으로 우리는 새로운 것을 만들어낼 수 있죠. 세종대왕이 한글을 만들어낼 때, 이순신 장군이 거북선을 처음 만들어낼 때, 사람들은 이를 믿지 않았을지 몰라요.

챗GPT가 사실과 다른 정보를 말할 때도 있지만, 그런 자율성 덕분에 창의적인 강점이 나타나는 것은 분명합니다. AI를 대비하는 시대, 우리는 LLM을 주의 깊게 다루고 창의성을 발휘할 줄 알아야 해요. 그러기 위해 흐릿한 기억이 되는, 외우는 공부만을 해서는 안 됩니다. 외우는 공부가 당장은 쉬울지 모르지만, 좀 헤매더라도 끊임없이 노력해야 비로소 원하는 목표를 성취할 수 있어요. 또렷하게 기억하고 의미 있게 결합해서 창의적으로 새로운 것을 만들어내기 위해서는 생각하는 공부를 해야 합니다.

> **Tips** 📢
>
> 칠전팔기는 '일곱 번 넘어져도 여덟 번 일어난다'는 뜻으로, 실패하더라도 계속해서 도전하고 노력하는 의지를 의미하는 사자성어입니다. 하지만 실패할 때와 똑같은 노력을 단순히 반복하는 것만으로는 발전을 이루기 어려워요. 실패한 원인을 성찰하고 끊임없이 개선하며 노력할 때, 비로소 실패는 성공의 어머니가 될 겁니다.

6장

결국, 중요한 것은 생각하는 힘이다.

— 외우는 공부 | 아이의 발달 과정에서 체득하는 공부법

많은 사람은 자기도 모르게 외우는 공부를 합니다. 특히 경쟁 위주, 암기 위주의 대학입시 제도 때문에 우리나라에서는 외우는 공부가 당연하게 여겨지기도 하죠. 학창시절에 누구나 시험을 대비하기 위해 어쩔 수 없이 외웠던 경험이 있을 거에요. 외우는 공부는 어쩌면 아기가 기어 다니다가 걷기 시작하는 과정만큼이나 당연하게 체득하는 방법일지도 몰라요.

본격적으로 자리에 앉아서 책을 보며 공부하기 이전에, 학습은 아이가 성장하는 모든 과정에서 이루어집니다. 걷는 방법, 말하는 방법, 언제 어떻게 먹고 자는지조차 배우죠. 1950년대 인도의 한 숲속에서 발견되었던 두 명의 '늑대 소년'은 접시에 담긴 물을 혀로 핥아 마시고, 밤마다 날고기를 찾아다녔다고 해요.[141] 늑대 소년은 야생에서 자라는 생활을 학습한 거죠. 인간사회에서도 아이는 자라며 보고 듣고 느끼는 모든 것을 학습합니다.

아이가 처음으로 공부다운 공부를 하는 것은 아마도 말을 하기 시작할 때부터일 거에요. 한국어를 하기 위해 아이는 ㄱ (기역), ㄴ(니은), ㄷ(디귿) 등을 먼저 배우죠. 세종대왕은 사람이 소리를 낼 때 입술과 혀의 모습을 본떠서 한글의 문자를 만들었다고 합니다. 하지만 아이에게 소리를 내게 하고, 그때 입술과 혀의 모습을 관찰하도록 하며 문자를 하나하나 알려주는 한국인은 거의 없을 거에요.

설명해주는 문장의 뜻을 이해하기 위해서는 각 단어의 의미를 알아야 합니다. 모국어를 처음 배우는 아이는 어느 누가 아무리 훌륭한 설명을 해주더라도 이를 이해할 수 없어요. 소통의 방식이 서로 다르기 때문이죠. 대부분의 경우, 아이는 주변 사람들이 하는 말을 모방하며 소리를 내기 시작해요. '엄마', '아빠'라는 단어는 영어로 각각 'mama', 'papa'로 끝이 '-마', '-파'로 발음되는 게 비슷하죠. 이 조합은 발음이 쉽고 자연스러우며, 적은 수의 음절로 이루어져 있어요. 이 단어들은 아이가 처음으로 발음하기 좋게 만들어져 있다고 해요.[142] 서서히 발음할 수 있는 단어가 늘어가면서 동시에 아이들은 문자를 익히게 됩니다. 요즘에는 자음이 들어간 단어가 함께 배치된 '육아템'이 많이 나오기도 하죠.

문자를 배우고 단어를 익히는 과정에서 아이는 정보를 받아들이고 외웁니다. 왜 빨갛고 둥근 모양의 물체를 사과라고 하는지 이해할 수는 없죠. 빨간 사과와 빨간 풍선을 왜 다르게 부르는지도 이해할 수 없을지 몰라요. 사람들과의 소통을 위

해 아이가 가장 먼저
하는 공부 방법은 바
로 암기입니다.

　어른들은 하루빨
리 말하려고 노력하
는 아이에게 반복해
서 단어를 알려주죠. 아이가 따라 하지 못하거나 헷갈려 하고
기억하지 못하더라도, 어른들은 아이에게 끊임없이 같은 정보
를 제공합니다. 그리고 어른이 하는 발음을 아이가 따라 하기
라도 하면 어른들은 기뻐하고 환호해요. 아이는 자신이 제대
로 발음했다고 생각하며 학습에 대한 기쁨을 느끼게 됩니다.
그 때문에 자신에게 칭찬을 잘해주는 사람에게 자신이 배운
언어를 자꾸만 보여주기도 해요.

　그러다 어느 정도 대화가 이루어지고 어른이 하는 말을 잘
이해할 때쯤, 아이는 본격적으로 공부를 시작합니다. 앉아서
책을 읽는 법, 연필을 잡는 법, 글을 쓰는 법 등을 배우죠. 많
은 부모는 아이에게 그것만으로 '공부하는 방법'을 가르쳐줬다
고 생각하게 돼요. 아마 부모 또한 어렸을 때 그렇게 배웠기
에, 공부하는 방법은 스스로 찾아내는 것으로 생각하기에 그
럴지도 몰라요.

　갓 태어난 아기가 무언가를 먹기 위해 할 수 있는 노력은 오

로지 입에 놓인 것을 빠는 행위뿐입니다. 이때 어른들은 아기에게 젖병을 통해 모든 양분을 제공하죠. 어느 정도 자라서 다른 음식을 소화할 수 있게 된 아기에게 어른들은 이유식을 먹이기 시작합니다.

이유식을 먹으며 아기는 씹고 삼키는 방법을 학습하죠. 그 전에는 씹을 일이 없던 아기가 알아서 음식을 씹는 모습을 보는 부모도 학습합니다. 아기는 자라면서 기어 다니고 걷기 시작하며 이내 뛰기까지 해요. 주는 대로 먹던 아이는 손으로 컵을 집어 물을 마시고, 숟가락으로 음식을 먹습니다. 아이의 성장 과정을 매일 가까이에서 보는 부모는 아이가 발달 과정에 따라 사회에 적응하고 있다는 사실을 학습해요. 그렇기에 부모는 공부하는 방법을 가르쳐주면 아이가 알아서 공부할 것이라 자연스레 믿게 될 수 있습니다.

공부는 먹는 행위나 걷고 움직이는 행위와는 매우 다릅니다. 먹거나 움직이는 행위는 생물학적으로 생존하기 위한 본능적인 행위에요. 아기가 발달하는 과정에서 학습하는 대부분의 것은 그 사회에서 살아가기 위한 것들입니다. 하지만 공부는 이런 행위와 달라요.

미국의 심리학자 매슬로(Abraham H. Maslow)의 욕구위계이론에 따르면, 공부를 위한 욕구와 생존을 위한 욕구의 위계는 엄연히 달라요.[143] 아이가 먹는 것은 제일 하위 단계인 생리적 욕구에 따른 본능적인 행위입니다. 움직이는 것은 안전의 욕구에 따른 행위이죠. 인간사회에서 적응하기 위해 다른 사람들을 모방하는 것은 사회적 욕구로 인한 행위에요. 자신이 배운 단어를 자랑하는 것은 칭찬받고 싶은 존중의 욕구에 따른 행위입니다. 그리고 이 네 가지와 달리, 알기 위해 공부를 하고 싶다고 느끼는 것은 자아실현 욕구에 의한 것이에요. 자아실현 욕구는 필수적인 욕구도 아니죠. 그렇기에 발달 과정에서 아기가 자연스럽게 공부의 필요성을 느끼지는 못합니다.

매슬로의 욕구위계이론

그래서 아이가 자라는 모습을 보며 발달 과정을 학습하는 부모의 기대와 달리, 공부는 아이가 할 수 있는 자연스러운 행위가 아니에요. 공부하는 방법을 가르쳐줬다고는 하지만, 어떻게 공부하는지는 보통 가르쳐주지 않습니다. 아이에게 숟가락과 젓가락을 집는 방법은 가르쳐주더라도 어떤 순서로 먹는 게 중요한지, 그 이유는 무엇인지 가르쳐주지는 않죠. 그렇기에 아이는 그때까지 익혔던 가장 자연스러운 학습 방법인 외우는 공부를 하게 됩니다.

공부를 시작한 초기에는 이 방법이 유용합니다. 아이가 수학을 처음 배울 때는 수를 익히기 마련이죠. 하지만 이 또한 수학적인 수의 개념까지 배우는 경우는 드물어요. '1'이라는 자연수는 실제로 존재하지 않는 추상적인 개념입니다.

오른손에 손가락은 5개 있지만, 손은 1개고, 손발은 각각 2개씩 있지만, 몸은 1개에요. 방에 아이와 부모가 있다고 하면 사람이 3명 있지만, 존재하는 생명체의 종류는 1가지에요. 수는 집단과 개체를 세고 구분하는 데 필요한 개념으로, 실제로 눈에 보이지는 않죠. 숨바꼭질하면서 자기 눈을 가리면 숨었다고 생각하는 아이가 이를 이해하기에는 무리가 있어요. 보통 수를 익히는 아이의 발달 과정상 보이지 않는 것은 없는 것과 마찬가지거든요. 그래서 수의 개념을 이해하기 전에 수를 먼저 외우게 되죠.

그다음에는 더하기와 빼기를 배우고, 이내 곱하기와 나누기를 배웁니다. 하지만 그 과정에서도 같은 자리의 수를 더해서 10보다 커지면 1을 다음 자리에 더한다든지, 뺄 때 모자라면 다음 자리에서 빌려온다든지 하는 개념은 이해하기 어려워요. 그래서 개념을 이해하기보다는 더하고 빼는 방식을 기계적으로 받아들이게 됩니다. 이러한 과정에서 아이는 자연스럽게 외우는 공부를 통해 여러 개념을 하나하나 배워 나가요.

20세기까지만 해도 왼손잡이는 좋지 않게 여겨지는 경우가 많았어요. 하지만 아이가 왼손잡이라는 사실을 깨달을 때는 이미 왼손을 움직이기 위한 우뇌가 많이 발달한 이후에요. 이미 익숙해진 상태에서 강제로 오른손을 주로 쓰게 할 경우, 뇌 발달에 부정적인 영향을 줄 수 있다는 연구 결과도 있습니다.[144]

과학에는 '항상성'이라는 용어가 있는데, 이는 '생명체가 외부 환경의 변화에도 체내의 요소를 일정하게 유지하려는 성질'을 말해요. 체온이 너무 높아지면 땀을 흘려서 체온을 낮추고, 식사 후에 높아진 혈당을 낮추려 인슐린이 분비되는 것도 이 때문이죠. 우리의 몸은 위험이 도사리는 새로운 도전보다는 생존을 위해 지금의 상태를 유지하는 안전을 추구하기 마련입니다.

발달 과정에서 이미 외우는 공부를 자연스럽게 체득한 아이에게 알아서 다른 방법으로 공부하기를 바랄 수는 없어요. 아이는 이미 그 방법을 학습했고, 굳이 새로운 방법으로 도전할 이유가 없으니까요. 경쟁하는 현대사회에서 아이에게 조금이라도 빨리, 더 많이 가르쳐주려는 부모의 마음은 당연하기도 해요. 하지만 그보다 중요한 것은 아이의 발달 과정과 관심사에 맞는 공부일지도 몰라요. 뒤처지지 않기 위해 단어와 공식을 외우기보다는, 아이가 좋아하는 것으로부터 더 깊은 생각을 하게 하는 공부가 중요하지 않을까요.

— 생각하는 공부 | 본질적으로 중요한 핵심 개념

외우는 공부는 누구나 쉽게 할 수 있습니다. 물론, 효율적으로 잘 외우는 공부는 어렵죠. 인간의 기억력에는 분명 한계가 있고, 뇌는 항상 100% 사용되고 있다고 해요. 새롭게 들어오는 정보를 기억하기 위한 여유 공간이 없다는 말이죠. 그래서 뇌는 잘 쓰이지 않는 기억을 능동적으로 잊어버리게 만든다고 해요. 이 때문에 새로운 지식은 아무리 외워도 자꾸만 잊어버리게 됩니다.

뇌가 새로운 기억을 받아들이기 위해 어떤 기억을 택해서 잊게 만드는지는 아직 명확하게 밝혀진 바가 없습니다. 하지만 에빙하우스의 망각 곡선을 고려하면 받아들인 지식의 핵심 개념은 잊어버리는 속도가 느려요. 또한, 이미 기억된 정보가 또다시 들어오면 그 다음에는 잊는 속도가 기존보다 느려집니다. 그렇다면 거꾸로 생각해 볼 때, 잊혀지기 쉬운 기억은 핵심적이지 않으며, 사용 빈도가 낮은 기억일 가능성이 높을 거에요.

영어단어 시험을 위해 몇 날 며칠을 노력해서 단어를 몇백 개나 외웠다고 해도, 시험을 보고 나면 금방 잊어버리곤 하죠. 하지만 이는 영어단어의 핵심 개념을 이해하지 못했고, 단어 시험이 끝난 후에는 그 기억을 사용하지 않아서일지도 몰라요. 마치 바다에서 잡은 물고기를 어항에 둔 것처럼 확실하게 외운 단어는 잊어버리지 않을 거라고 안심했을지도 모르죠. 하지만 기억하고 망각하는 과정을 생각해 보면, 안심한 순간부터 사용하지 않은 단어는 잊혀질 가능성이 높습니다. 그렇다면 어떤 정보를 어떻게 학습하면 보다 오래 기억할 수 있을까요? 핵심 개념이 무엇이길래 뇌가 받아들이는 다른 정보보다 오래 기억할 수 있을까요.

2022 개정 교육과정에는 '학교는 학생들이 깊이 있는 학습을 통해 핵심역량을 함양할 수 있도록 한다.'고 나와 있어요. 또한, 이를 위한 방침의 첫 번째로 '단편적 지식의 암기를 지양'하라고 해요. 단편적 지식의 암기란 영어단어를 외우는 것과 같은 방식을 말합니다. 핵심 개념을 이해하지 못한 채, 단편적 지식을 암기하는 것은 좋은 방법이 아니라는 뜻이겠죠. 그 대신, '각 교과목의 핵심 아이디어를 중심으로 지식·이해, 과정·기능, 가치·태도의 내용 요소를 유기적으로 연계'하라고 해요. 학습할 때 중심이 되는 핵심 아이디어, 이게 바로 핵심 개념입니다.

가. 학교는 학생들이 깊이 있는 학습을 통해 핵심역량을 함양할 수 있도록 교수·학습을 설계하여 운영한다.

1) 단편적 지식의 암기를 지양하고 각 교과목의 핵심 아이디어를 중심으로 지식·이해, 과정·기능, 가치·태도의 내용 요소를 유기적으로 연계하며 학생의 발달 단계에 따라 학습 경험의 폭과 깊이를 확장할 수 있도록 수업을 설계한다.

이와 관련하여 2022 개정 교육과정 총론 해설에는 "깊이 있는 학습은 학습자가 학습 내용을 익히고 이를 새로운 상황에 적용할 수 있도록 핵심적인 내용을 내면화하는 학습을 의미한다."고 되어 있어요.[145] 단편적인 지식은 아무리 많이 외워도 새로운 상황에 적용하기 어렵습니다. LLM이 '초거대'라고 불릴 정도로 방대한 양의 정보를 기억하지만 흐릿하게 인식하는 것과 비슷하죠. 챗GPT와 같은 생성형 AI가 잘못된 정보를 당당하게 제시하는 것 또한 적용하기 어려운 정보를 적용하려고 애쓰기 때문이에요. 새로운 상황에 잘 적용하기 위해서는 핵심적인 내용을 내면화해야 합니다.

그리고 그 핵심적인 내용을 2022 개정 교육과정에서는 '핵심 아이디어'라고 불러요. 총론 해설에는 '핵심 아이디어는 교과 기저의 근본(fundamental, core, big)이며, 학습의 토대가 되는 개념들을 의미한다.'고 되어 있어요. 즉, 교과 학습을 하더라도 단편적인 지식만을 암기하려고 노력하는 게 아니라, 근본적이고 토대가 되는 개념을 익혀야 합니다.

미국의 심리학자 로쉬(Eleanor Rosch)는 개념을 '우리의 사고와 세상을 연결해 주는 자연스러운 다리'라고 했어요.[146] 단편적인 지식은 잊혀질 때마다 계속해서 다시 학습해야 해요. 하지만 핵심 개념을 제대로 이해하면 시간과 공간을 넘어 새로운 상황 속에서도 전이될 수 있습니다.[147] 전이가 잘 되는 개념은 단편적이라서 별로 쓰이지 않는 기억보다 잊혀지지 않을 가능성이 크겠죠. 또한, 전이가 잘 되는 개념은 여러 번 반복해서 학습하지 않아도 자꾸 쓰이니 자연스럽게 재학습되는 효과도 있습니다.

한국어의 모음은 발음 시 소리를 내는 방법에 따라 단모음과 이중모음으로 구분돼요. 혀의 높낮이에 따라 고모음, 중모음, 저모음으로 구분하기도 하죠. 혀의 전후 위치에 따라서는 전설모음과 후설모음, 입술 모양에 따라서는 원순모음과 평순모음으로 구분합니다. 이때 각각의 용어는 한자를 고려하면 직관적으로 기억할 수 있지만, 그런데도 이 기억은 오래 유지되기 어려워요.

하지만 여기에서 핵심은 한국인의 모음이 발음할 때 입술이나 혀의 모양을 참고로 해서 만들어졌다는 점이에요. 모음은 소리를 내는 방법과 입술이나 혀의 모양만으로도 충분히 구분할 수 있습니다. 이는 세종대왕이 훈민정음을 만들 당시, 우리나라만의 과학적인 글자를 만들기 위해 끊임없이 기울였던 노력의 결실이죠.

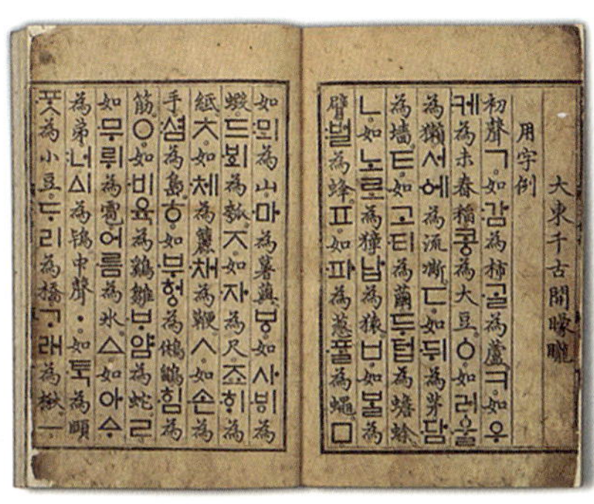

국보 훈민정음[출처 | 국가유산포털]

　가장 중요한 것은 모음을 구분하는 방법 그 자체가 아닙니다. 학습의 목표가 단순히 모음의 구분이라는 지식의 형성이기만 했다면, 이는 단편적인 지식의 암기만으로 도달할 수 있어요. 그보다 더 본질적인 것은 이를 통하여 학생이 '한국어가 체계와 구조를 갖춘 언어'라는 사실을 이해할 수 있다는 점이에요. 2022 개정 국어과 교육과정에는 '국어는 체계와 구조를 갖춘 의미 생성 자원이자, 사회적으로 구성된 관습적 규약이며, 공동체의 사고와 가치를 표상하는 문화적 산물이다.'라는 핵심 아이디어가 제시됩니다.

'한국어가 체계와 구조를 갖춘 언어'라는 점을 깊이 이해한다면, 다른 상황에도 적용 가능합니다. 중국어, 일본어, 영어 등을 학습할 때도 체계와 구조를 찾으려 노력하면 외국어 학습에도 도움이 될 수 있죠. 핵심 개념인 체계와 구조를 이해하면 다른 분야의 문제 상황을 파악하는 데에도 도움이 될 겁니다. 문법은 언어의 형식과 내용을 이루는 틀이고, 언어는 의사소통을 위해 존재해요. 언어 학습에서 결국 중요한 것은 의사소통을 잘하는 방법일 거에요. 문법 그 자체만을 외우기 위한 공부가 되어서는 안 되겠죠.

공부하다 보면 언젠가부터 무의미한 지식을 그저 외우고 있는 자신의 모습을 쉽게 발견할 수 있을 거에요. 수학 문제를 해결하기 위해 공식을 외우는 것은 큰 의미가 없어요. 수학 과목에서 문제를 해결하는 것은 문제해결력을 길러 실생활에서 맞닥뜨리는 문제를 해결해 내기 위함입니다. 주어진 문제를 단지 빨리 풀기 위해서 의미도 모르는 공식을 외울 필요는 없죠.

문화재인 석탑이 몇 층인지, 무엇으로 만들어져 있는지, 그 탑이 만들어질 당시 왕이 어떤 정책을 펼쳤는지를 외우기만 하는 것도 큰 의미가 없습니다. 역사 과목에서 여러 가지 사료를 보고 시대적 배경을 해석하는 것은 과거의 역사를 이해하는 힘을 기르기 위해서에요. 사료를 통해 그 시대의 정치와 문화 등을 파악하고 오늘날의 우리 사회와 비교하는 능력이 중요하죠. 그러면서 역사를 보다 입체적으로 생동감 있게 이해할 수 있어요. 이는 오늘날 우리가 나아가야 할 방향을 결정하는 데 도움이 됩니다.

단편적인 지식을 외우는 데에서는 아무런 성장도, 발전도 이루어질 수 없습니다. 단어나 공식 등을 외우려고 몇 날 며칠을 노력해도 인간은 금방 잊어버리기 마련이에요. 반면, 컴퓨터 파일에 이를 입력하고 저장 버튼만 누르면 삭제하지 않는 이상 자료가 손실되지는 않겠죠. 하물며 AI는 웹사이트에서 접속할 수 있는 모든 정보를 빠르게 조회하고 학습할 수 있습니다. 아무리 잘 외우는 사람이라도 AI보다 더 잘 기억할 수는 없어요.

잘 외우는 것만으로는 그 이상의 가치를 만들어낼 수 없습니다. '창의성'도 생각해내는 것만이 아니라, 다른 분야의 지식과 지능을 넘나들며 결국 새로운 것을 만들어낼 때 비로소 더 의미 있죠. 자연스럽게 여러 분야에 개념을 잘 적용하기 위해서는 학습 내용으로부터 핵심 개념을 파악하고 이해해야 해요. 그러려면 학습하는 개념의 의미와 본질적인 가치를 파악할 수 있어야 하죠. 학습 내용을 새로운 문제 상황에 적용할 수 있도록 하려면 개념을 깊게 이해해야 해요. AI 시대에서 경쟁력을 갖추기 위해서는 외우는 공부가 아니라, 생각하는 공부가 필요합니다.

　서·논술형 평가가 갈수록 중요해지고 있습니다. 우리나라 대학입시를 위한 국가 고사인 수능은 갈수록 비중이 줄어들고 있어요. 수능은 대학수학능력시험으로, 본래 대학교에 들어가 수학할 수 있는 능력을 평가하기 위한 시험이었습니다. 하지만, 30년가량의 세월 동안 수능은 변별력을 지나치게 강조한 나머지 학생들의 사고력을 잘 측정하고 있는지 의문이 들 정도로 변했죠. 수능은 암기 위주, 경쟁 위주의 입시 분위기를 조장하던 학력고사를 대체하기 위해 도입되었어요. 하지만 현재에는 오히려 학력고사보다도 암기 위주, 경쟁 위주의 분위기를 더욱 심화시키고 있다는 평가를 받고 있죠.

　이 때문에 수능 위주의 정시모집은 축소되고 있고, 학교생활기록부 위주의 수시모집이 확대되고 있습니다. 여러 대학에서 수능의 객관성과 공정성을 높게 평가하지 않기 때문이겠죠. 그 와중에 수능만으로 대학에 가기 위해 다른 모든 것을 포기하고 자퇴하는 고등학생도 점점 많아지고 있습니다. 이런 상황에서 공교육이 언제 붕괴한다고 해도 놀랍기는커녕 올 게 왔다고 생각될 정도에요. 수능 시험을 잘 보기 위해 많은 학생은 어릴 때부터 지나치게 많은 시간과 노력을 들여 공부합니다. 다른 학생들이 다 받는다는 사교육을 받지 않으면 뒤처지는 거 같아 동참하게 되기도 하죠.

사교육을 받는 이유는 여러 가지가 있겠지만, 수능을 대비하기 위함이 그중 큰 비중을 차지할 것으로 보입니다. 학원에서 공부하다 지친 학생들이 학교 수업시간에 잠을 청하는 문제는 점점 심해지고 있어요. 최근 들어서는 이미 다 배운 내용이라며 고등학교 수업에서 대부분의 학생이 자는 모습도 심심치 않게 보입니다.[148] '잠자는 교실 깨우기'를 공교육 최대의 과제로 평가하기도 할 정도에요.[149] 학교 내신성적이 중요하다고 생각했다면 아무리 지쳐도 학교 수업을 잘 들었겠죠.

수능의 역효과가 점점 심해지는 만큼, 교육부도 공교육 회복과 사교육 근절을 위해 여러 노력을 기울이고 있습니다. 하지만 1999학년도부터 본격적으로 도입된 수행평가도 수능과 마찬가지로 점점 문제가 드러나고 있습니다. 수행평가는 중간고사·기말고사 등의 지필평가로 측정할 수 없는 학생들의 다양한 역량을 평가하기 위해 도입되었어요. 그러나 수능 공부에 시달리는 학생들은 시간이 없어 수행평가는 사교육에 의존하기도 한다고 해요.

교육부에서는 이를 방지하고자 과제형 수행평가를 금지하고 수업시간에만 수행평가를 하는 지침을 제시했어요. 그러자 이번에는 미리 작성할 내용을 준비하고 모두 외워서 수업시간에 그저 적을 뿐인 상황도 벌어졌죠. 수행평가는 갈수록 암기를 강요하는 또 하나의 시험이 되고 있다는 말도 자주 들립니다. 고교학점제가 도입된 2025학년도부터는 이러한 현상이 폭발적으로 더 심해졌어요. 기존에 1년 동안 학습하던 과목들이 모두 학기 단위로 바뀌었기 때문입니다. 학점을 이수하는 고교학점제의 특성상 불가피한 변화였지만, 그로 인해 학업량은 2배 가까이 늘었어요.

그 이유는 바로 학교생활기록부의 과목별 세부능력및특기사항 때문입니다. '과세특'은 과목마다 약 500자(1500 Bytes)를 작성해야 하는데, 1년 동안 한 과목을 작성할 때와는 상황이 달라졌거든요. 기존에는 학생의 깊은 사고력을 보여주는 수행평가가 1년에 걸쳐 이루어졌어요. 교과 선생님들끼리 미리 협의를 잘하면 과목별로 시기를 조절할 수도 있었죠. 하지만 학기제로 바뀐 다음에는 과목별로 시기를 조절할 수도 없어졌어요. 모든 과목에서 진도를 나가고 지필평가, 수행평가를 보기 위한 시간이 빠듯해졌기 때문이죠.

이처럼 수능도, 수행평가도 역효과가 드러나기 시작하면서 신뢰까지 잃어가는 요즘입니다. 많은 학생은 수능과 수행평가로 인한 학업 스트레스에 지쳐가고 있어요. 이러한 교육 현장의 어려운 현실 속에서 교육부가 제시한 방안은 서·논술형 평가였어요. 교육부는 예전부터 서·논술형 평가를 수행평가와 함께 꾸준히 강조해 왔습니다. 특히 2025학년도부터 적용되는 2022 개정 교육과정에서 수행평가는 내실화만 꾀하고, 확대 대상으로 서·논술형 평가만을 제시했어요.

더불어, 교육부에서는 2028학년도 대학입시까지 내신에서 서·논술형 평가의 비중을 늘릴 계획이라고 이미 발표했어요. 계획이 보도된 2025학년도부터 각 시·도교육청에서는 서·논술형 평가의 비중을 늘리기 시작하고 있습니다. 2032학년도 수능에서는 서·논술형 평가를 도입하는 방안도 진지하게 구체적으로 논의되고 있어요.

서·논술형 평가를 확대하는 이유는 여러 가지가 있을 거에요. 교과별로 다양한 방법의 수행평가를 실시할 수 있도록 했음에도 암기의 비중은 줄어드는 기색이 없죠. 수능에서 평가할 수 없는 역량을 수행평가에서 측정할 수는 있지만, 역효과도 많이 생기고 있습니다. 이미 교육 선진국이라 불리는 다른 나라에서 적극적으로 활용하고 있는 서·논술형 평가는 이와 다를 수 있어요. 프랑스의 바칼로레아(Baccalauréat), 독일의 아비투어(Abitur), 영국의 A-Level 등 여러 나라의 대입 시험에서 서·논술형 평가를 포함하고 있습니다.[150] 수능도, 수행평가도 학생들에게 커다란 학업 부담이 되는 현 상황에서 서·논술형 평가가 해결책이 되기를 바라며 기다려야겠죠.

하지만 무엇보다도 중요한 것은 급변하는 AI 시대에 학생들의 설 자리를 만들어주기 위함이지 않을까요. AI는 누구의 예상보다도 훨씬 빠르게 발전하고 있습니다. 세계적인 여러 기업에서는 AI를 적극적으로 활용하기 위해 다양한 방향으로 개발하고 있죠. AI의 도입으로 기존의 쇼핑과 물류, 유통업계도 많은 변화가 생기고 있어요. 아마존(Amazon)이 도입한 '버추얼 트라이 온(Virtual Try On)' 기능은 온라인에서도 실제로 옷을 입어 본 것 같은 경험을 제공해요.[151] 그 외에 AI 쇼핑 에이전트가 등장하며 평소 사용하는 SNS를 통해 알아서 맞춤형 쇼핑이 이루어질 수도 있을 전망이죠. 그러다 보면 기존의 쇼핑 플랫폼이 모두 붕괴할 가능성도 있어요.

2025년 2월 10일, 한국은행이 발표한 보고서에 따르면 국내 일자리 중 절반 이상(51%)이 AI 도입에 큰 영향을 받을 것이라고 합니다.[152] AI 기술로 대체될 가능성이 있는 일자리는 약 327만 개(13.1%)에 달한다고 해요.153) 관리 및 금융 전문직은 99.1%의 일자리가 AI로 인해 사라질 위험이 있다고 합니다. 물론 AI의 도입으로 생겨나는 새로운 직종도 예고되고 있죠. AI 전문가, 프롬프트 엔지니어 등의 직업군은 이미 조금씩 등장하고 있어요.

하지만 너무나도 빠른 AI의 발전을 인간이 따라잡지 못할 것이라는 우려도 점차 커지고 있어요. 챗GPT를 개발한 OpenAI의 CEO인 올트먼(Samuel H. Altman)은 챗GPT의 최신 버전인 GPT-5의 성능을 보고 경악했다고 합니다. "AI에 비해 자신은 쓸모없다고 느꼈다."고 밝힐 정도였어요.[154] 심지어는 이 상황을 핵폭탄 개발 프로그램인 '맨해튼 프로젝트

(Manhattan Project)'에 빗대기도 했습니다. [155] "혹시 우리도 위험한 걸 만들고 있는 건 아닐까?"라는 생각을 하게 되었다고 밝힌 그의 말에서 GPT-5의 잠재력과 통제 불가능에 대한 우려가 엿보이죠.

컴퓨터가 발달하기 이전에는 외우는 공부가 중요했을 겁니다. 남들보다 많이 기억하거나 빠르게 계산하는 능력은 엄청난 강점이었겠죠. 하지만 지금은 상황이 너무 많이 달라졌습니다. 아무리 잘 기억하고 빠르게 계산할 수 있는 사람도 컴퓨터의 기본적인 프로그램보다 잘할 수는 없어요. 하물며 AI에게는 전혀 못 미치죠. 그렇다면 인간이 AI에게 뒤처지는 것을 가만히 보고만 있어야 할까요?

AI(인공지능)는 어디까지나 이름처럼 인공적인 지능입니다. 사람의 지능을 모방해서 사람이 만들어낸 기술이죠. OpenAI가 챗GPT를 만들었던 이유는 인류에게 도움이 되는 안전한 기술을 원했기 때문이었어요. 챗GPT와 같은 생성형 AI는 어디까지나 사람이 만들어낸 도구로서의 기술입니다. 영화 '터미네이터(The Terminator)'에서 인간의 통제를 벗어난 인공지능인 '스카이넷(Skynet)' 같은 괴물이 만들어지지 않게 하려면 인간의 통제가 필요해요. 그러려면 AI를 더욱 발전시키는 동시에, 인간의 통제를 벗어나지 않도록 하는 기술이 필요합니다.

이런 시대에 외우는 공부가 과연 얼마만큼의 의미를 지닐까요? 인간의 강점은 외우는 데 있지 않아요. 많이 외우고 빠르게 수행해 내는 것은 인간이 사용하는 도구인 AI가 하면 되죠. 뇌는 새로운 정보를 기억하기 위해 기존의 정보를 잊어버린다고 해요. 인간의 치아는 처음에 유치가 나지만, 유치를 밀어내면서 영구치가 새로 나게 됩니다. 기존의 무언가가 사라진다는 것은, 거꾸로 생각해 보면 새로운 무언가가 나타나기 위한 기회라고 볼 수 있어요.

AI로 인해 기존의 직업이 대거 사라지거나 대체될 것이라는 전망은 지속해서 많이 보도되었어요. 그렇다고 해서 AI가 인간의 설 자리를 대체한다는 건 아닐 거에요. 이는 인간을 돕기 위한다는 AI의 개발 목적에 위배되는 결과입니다. AI는 어디까지나 인간의 삶의 질을 높여주기 위한 도구에요. 사라지거나 대체되는 일자리만큼, AI를 활용하는 새로운 일자리가 많이 나타나겠죠. 기존에 없던 새로운 것을 생각해내는, 창의성이 그 어느 때보다 절실하게 필요한 시대입니다. 하지만 새로운 것은 외운 정보에서 비롯되지 않아요. 새로운 것을 만들어내기 위해서는 핵심 개념을 이해하고 여러 지식에 활용할 수 있는, 생각하는 공부가 필요합니다.

생각하는 공부는 어떻게 해야 할까요? 방법은 다양하겠지만, 일단 외우는 공부와 생각하는 공부의 방법이 서로 다른 것만은 분명합니다. 외우는 공부는 수동적으로 지식과 정보를 받아들이기만 하면 되지만, 생각하는 공부는 그렇지 않죠. 생각하는 공부는 주어진 개념에서 핵심 개념을 파악하고, 이를 능동적으로 서로 다른 영역에 적용하는 과정에서 이루어집니다.

2022 개정 교육과정에서 강조하는 핵심 개념으로써의 핵심 아이디어는 본질적이고 궁극적으로 내면화해야 할 아이디어입니다. 보다 전이가 잘 이루어질 수 있도록 추상적이고 광범위한 수준에서 표현되는 특징이 있어요. 교과의 핵심 아이디어는 학교급 전체를 관통하는 핵심적인 학습 내용입니다. 여러 개념 간의 관계를 진술하기 위해 문장의 형식으로 제시돼요.

즉, 생각하는 공부를 위해서는 학습하는 개념을 그대로 받아들이는 것을 넘어 더 많은 생각이 이루어져야 합니다. 개념을 이해하기 위해 그 개념이 본질적으로 의미하는 바를 생각해낼 수 있어야 해요. 그리고 여러 개념 간의 관계를 아우를 수 있는 보다 광범위하고 핵심적인 개념을 이해하는 게 중요합니다.

그리고 그러기 위해 가장 기본적으로 필요한 능력은 바로 문해력입니다. 캐나다 퀸즈 대학교(Queen's University)의 심리교 육학 커비(John R. Kirby) 박사는 '문해력'을 '글을 읽고 이해하는 능력'이라고 정의했어요.[156] 여기에서 그가 말한 '이해한다.'는 표현은 단순히 글을 파악하는 것만으로 그치지 않아요. 그가 강조하는 문해력은 교육 목표를 달성할 수 있게 하는 의미 있 는 학습을 위한 전제 조건이라고 설명하죠. 이를 위한 문해력 은 사실 매우 복잡하며, 단지 본능적으로 습득되는 능력이 아 니라고 주장했어요.

또한, 영국 옥스퍼드 대학교(Oxford University)의 공식 출판부에 서 제시한 자료에서도 문해력을 중요하게 강조하는데요.[157] 이 자료에서 '독해'는 '글을 읽는 동시에 의미를 추출하고 구성해 나가는 과정'이라고 설명해요. 글을 이해하기 위해서는 주의 집중, 기억, 추론, 동기, 지식 등의 능력이 필요하다고 하죠. 이를 바탕으로 독해는 인간이 수행할 수 있는 가장 복잡한 인 지적 활동 중 하나라고 이야기해요. 글에는 저자 외에도 독자 와 맥락의 다양성이 있기 때문에 수많은 해석을 낳을 수 있다 고 합니다. 이 자료에서 21세기 문해력의 핵심 과제 중 하나는 '여러 출처나 문서로부터 정로를 수집하고 통합하는 능력'이라 고 설명해요.

유네스코(UNESCO*)는 1956년, '문해력'을 '최소 수준의 문해

---

* United Nations Educational, Scientific and Cultural Organization

력(minium standards of literacy)'과 '기능적 문해력(functional literacy)'으로 구분했어요.[158] '최소 수준의 문해력'은 '글을 읽고 쓰는 기초능력'을, '기능적 문해력'은 '글을 이해하고 사용할 수 있는 능력'을 말합니다. 최소 수준의 문해력은 문맹이 아닌 모든 사람이 가진 기본적인 능력이죠. 하지만 21세기 현대사회에서 강조하는 문해력은 기능적 문해력입니다. 단순히 글을 읽는 데 그치지 않고, 글이 갖는 여러 의미를 추출해서 새로 구성하는 능력이죠.

교육부에서는 2022년, '문해력'을 '글을 읽고 의미를 파악하여 이해하는 능력'과 '글을 이용해 생활의 문제를 해결하는 능력'이라고 설명했어요.[159] AI 시대를 맞이하는 현대사회에서는 문맹 여부를 구분하는 '최소 수준의 문해력'이라는 의미는 잘 사용하지 않고 있습니다. 현대사회에서 문해력은 미래를 위한 핵심적인 역량으로 이전보다 그 중요성이 더욱 강조되고 있어요.

문해력이 학업에 영향을 미치는 것은 당연한 것처럼 보이겠지만, 이를 넘어 미래의 직업까지도 큰 영향을 미칩니다. 교육부에 따르면, OECD 연구 조사 결과 문해력이 높은 집단은 낮은 집단에 비해 연봉이 2.7배, 취업률이 2.2배 높았다고 해요. 이러한 문해력을 키우기 위한 방법으로 교육부는 교과 핵심 단어 공부하기, 어휘 복습하며 교과 어휘 노트 쓰기, 단어를 활용한 문장 만들기의 세 가지 방법을 제시하기도 했습니다.

AI 시대에서는 다양한 분야의 지식이 엄청난 속도로 늘어나고 있어요. 생성형 AI는 '초거대'라는 이름이 붙을 정도로 많은 데이터를 학습하고, 이를 바탕으로 계속해서 새로운 지식을 생성해 냅니다. AI 기술력이 발전함에 따라 지식사회는 급속도로 더욱 고도화되며 복잡해지고 있어요. 이런 사회에서 글을 단순히 읽고 쓰기만 하는 능력은 더 이상 크게 중요하지 않습니다. 문해력이 중요하게 여겨지는 이유는 바로 방대한 양의 정보 속에서 필요한 내용을 찾고, 이를 적용함으로써 새로운 지식을 생성해 내기 위함이에요. 수없이 많은 정보 속에서 필요한 정보를 판별하고, 새로운 지식으로 만들어내는 능력이 중요한 시대입니다.

하지만 우리나라에서는 이렇게 중요한 문해력이 점차 낮아지고 있다고 보입니다. 교육부에 따르면, 2023년 동안 학교도서관에서 학생들이 대출한 책은 총 89,570,781권으로, 1인당 17.2권이었어요.[160] 이는 10년 전인 2014년의 학생 1인당 21.9권에 비해 21.5%나 감소한 수치에요. 이는 학생들이 스마트폰과 같은 디지털 매체의 활용도가 많아졌기 때문으로 해석됩니다. 학생들이 인터넷으로 편리하게 지식과 정보를 습득함에 따라 독서 활동은 위축되고 있어요.

또한, 학생 연간 독서량은 2013년의 39.5권에서 2023년

34.0권으로 13.9%나 줄어들었어요. 독서에 대한 선호도는 2019년 43.7%에서 2023년 39.6%로, 4.1%p 떨어졌습니다. 문해력의 기본이 되는 독서량이 줄어드는데 문해력이 낮아지는 것은 당연한 결과죠. 글을 읽고 이해하는 것을 어려워하는 학생들도 늘어나고 있습니다. 국가수준 학업성취도 평가 결과 기초학력 미달 비율도 늘어났죠.

학생만이 아니라, 성인의 경우도 마찬가지입니다. 고용노동부에서는 2024년, OECD 국제성인역량조사(PIAAC*)를 발표했는데요.[161] 우리나라 성인(16~65)의 언어능력, 수리능력, 적응적 문제해결력이 모두 OECD 평균보다 낮았다고 합니다. 언어능력의 경우 우리나라 평균은 249점, OECD 평균은 260점이었어요. 수리능력은 우리나라 평균이 253점, OECD 평균이 263점이었습니다. 적응적 문제해결력은 우리나라 평균이 238점, OECD 평균은 251점었죠. 또한, 학력 불일치 조사 결과에서도 많은 문제가 드러났어요. 실제 학력 수준이 일자리에서 요구하는 학력 수준보다 높은 경우는 31.3%나 되는데, 낮은 경우는 겨우 3.7%였습니다.

---

* Programme for the International Assessment of Adult Competencies

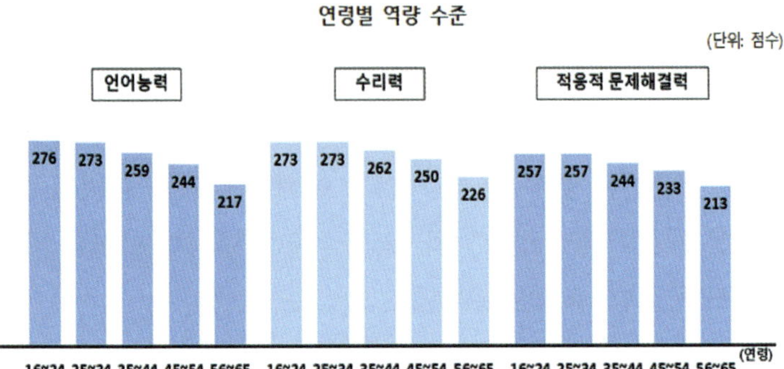

[출처 | 고용노동부 (2024.12.10.)]

가만히만 있어도 여러 매체를 통해 다양한 자극이 쏟아지고 있는 시대입니다. 생각하지 않아도 여러 자극을 받아 심심할 틈이 없는 시대에서 아이들은 생각할 필요를 느끼지 못합니다. 하지만 이는 비단 최근에만 국한된 일이 아니에요.

건국대학교 문화콘텐츠학과 이주은 교수는 2016년 칼럼에서 TV(텔레비전)를 '바보상자'라고 표현했어요.[162] "TV는 우리가 하는 말을 듣지도 않고, 알아듣지도 못해요. 그런데 우리는 아무 생각 없이 TV를 멍하니 바라보기만 하죠. 그러다 보면 어느새 TV에 나오는 말만 듣고, 믿게 되는 '바보'가 되기도 해요."라고 설명했죠. 만화 '검정 고무신'을 보면 1900년대 아이들이 TV 앞에 삼삼오오 모여 아무 생각 없이 그저 앉아있는 모습이 나옵니다. TV가 처음 나왔을 때와 지금의 모습이 비슷하죠. 하지만 시대는 달라졌고, 변화는 더 빠르게 일어나고 있습니다. 많은 자극 속에서 학생들은 어떻게 문해력을 올려야 할까요?

물론, 가장 좋은 방법은 책을 많이 읽도록 하는 것입니다. 종이로 된 책이든, 디지털 매

만화 '검정고무신'의 장면

체로 된 책이든 일단은 자주 접하고 많이 읽는 것이 중요해요. 하지만 그저 읽기만 하는 것으로 문해력은 좋아지지 않아요. 문해력이 단순하게 글을 읽는 능력이 아니라 의미를 파악하고 새롭게 구성하는 능력인 만큼, 그 이상이 필요합니다.

한 연구에서는 읽기 과정에서 '반성적 읽기(Reflective Reading)' 방법을 적용했더니 학습자들의 독해력이 유의하게 향상되었다고 밝혔어요.[163] 반성적 읽기 방법을 통해 읽은 내용을 돌아보고 성찰하게 하는 과정에서 자연스레 이해력이 늘었다고 했죠. 또한, 독후감의 형태로 반성적 활동을 하니 학습자들이 자신의 언어로 글을 요약하고 성찰하는 과정에서 글을 보다 깊게 이해할 수 있었다고 해요. 이외에도 독서 후의 반성적 활동이 문해력에 긍정적인 영향을 준다는 연구 결과는 많이 제시되어 있습니다.

이를 바탕으로 생각해 보면, 주어진 글에서 숨겨진 의미를

파악하기 위해서는 독후 반성적 활동이 중요하다고 볼 수 있습니다. 반성적 읽기와 더불어 반성적 쓰기 또한 동시에 활용하면 더욱 큰 효과를 얻을 수 있겠죠. 하지만 이미 디지털 매체를 많이 활용하고 있는 학생들에게 갑자기 종이로 된 책을 읽으라고 하면 거부감을 가질 수도 있습니다. 어쩌면 그보다 이미 학생들이 친숙하게 여기는 정보로부터 독후활동을 시작하는 게 효율적일 수도 있죠.

학생들은 각종 SNS에 노출되어 있습니다. 웹사이트의 많은 정보는 영상으로 이루어져 있지만, 그런데도 여러 SNS에서 시간을 보내는 학생들이 많죠. SNS와 더불어 학생들이 새로운 정보를 얻는 주된 매체는 인터넷 뉴스입니다. 물론 모든 학생이 사회와 정치, 경제에 관심을 두고 인터넷 뉴스를 보진 않겠죠.

하지만 자신이 좋아하는 연예인이나 스포츠팀, 하다못해 프로게이머 '페이커'의 소식 등이 뉴스에 나오면 적극적으로 보기도 합니다. 처음에는 학생들의 관심사로부터 출발하는 것도 좋은 방법이에요. 학생들이 관심을 두는 인터넷 뉴스를 읽어도, 이는 책을 읽는 것과 마찬가지로 글을 읽는 행위이죠. 책을 읽고 반성적인 독후활동을 해본 경험이 없는 학생들이라면 더더욱, 한 번에 두 가지를 모두 시도하기보다는 독후활동에 먼저 집중하는 것도 좋습니다. 좋아하는 분야에 대한 인터넷 뉴스를 읽고도 할 수 있는 독후활동은 많아요.

대표적인 것이 바로 신문 활용 교육(NIE*)입니다. NIE는 '신문이나 뉴스를 교구 매체나 소재로 수업에 활용하는 교수·학습 방법'을 말해요. 한국신문협회에서는 NIE를 크게 여섯 가지로 정의했어요. 신문에서 교육적인 요소를 찾아 학습하는 방법, 신문으로 다양한 표현을 하는 방법, 신문을 만드는 방법, 신문을 읽고 쓰기 활동을 추가로 하는 방법, 신문에 다루어진 정보의 종류와 중요성을 이해하는 방법, 신문에서 주장하는 바를 읽고 비판하는 입장을 제시하는 방법이죠.[164] NIE가 정보검색 능력과 더불어 창의력, 읽기 능력, 쓰기 능력 등의 다양한 역량이 향상되었다는 연구 결과도 있습니다.

NIE에는 교과 중심, 주제 중심, 개념 중심 등 다양한 유형이 있어요. 처음에는 자신이 좋아하는 관심 분야의 인터넷 뉴스를 스크랩하고, 글을 요약하는 방법으로 시작하는 것도 좋습니다. 기사에서 모르는 단어의 의미를 파악하는 활동이나, 글에 나온 정보와 사실을 찾아 정리하는 활동도 도움이 될 거에요. 기사를 읽고 실제로 일어난 사실과 기자의 의견을 구별해보거나, 기사에 대한 자신의 의견을 작성해보는 활동 또한 문해력에 긍정적인 영향을 줄 수 있어요.

생각하는 공부를 잘하기 위해서는 먼저 문해력을 길러야 합니다. 서·논술형 평가에서 좋은 결과를 얻기 위해서도 문해력

---

* Newspapers In Education

이 필요하죠. 요즘은 AI 문해력, 디지털 문해력 등의 표현도 많이 나오고 있습니다. 그만큼 AI 시대에서 문해력이 중요하다는 점을 여러 매체에서 시사한다고 볼 수 있죠. 이처럼 중요한 문해력을 기르기 위해서는 꾸준히 글을 읽고, 의미 있는 독후활동을 하는 습관이 중요해요. "시작이 반이다."라는 속담처럼, 무엇보다 중요한 문해력을 기르면 생각하는 공부는 금방 이루어질 수 있을 겁니다.

　지금까지의 내용을 정리해 보면, 생각하는 공부는 문해력을 바탕으로 학습 내용으로부터 핵심 개념을 파악하여 새로운 문제 상황에 적용해서 문제를 해결하는 방법입니다. 학습하는 개념의 본질적인 의미를 이해하고, 다른 분야의 지식과 정보를 아울러 새로운 의미를 만들어내는 과정이라 할 수 있죠. 이러한 학습 방법을 통해 학생들은 AI와 서·논술형 평가를 대비하는 시대에 꼭 필요한 창의력을 키울 수 있을 겁니다.

　이런 공부 방법은 이제까지 딱히 중요하게 여겨지거나 강조되지는 않았어요. 주어진 시간 내에 빠르게 문제를 해결하는 것이 중요한 대학입시 제도에서는 외우는 공부로도 충분히 좋은 성적을 얻을 수 있었죠. 하지만 지식과 정보가 폭발적으로 쏟아지는 AI 시대에서 경쟁력을 갖추기 위해서는 생각하는 공부가 필요합니다. 생각하는 공부를 함으로써 점차 강조되고 있는 서·논술형 평가에서도 좋은 결과를 거둘 수 있겠죠.

　지금부터는 학습하는 개념으로부터 핵심 개념을 이해하고, 정보를 수집하며 새로운 문제 상황을 해결하는 예시를 보여드리려 합니다. 고등학교 수학 교과서에 나오는, 수능을 준비하기 위해서 기본적으로 알아야 하는 한 공식을 중심으로 이야기를 진행해 볼게요. 수학적인 내용으로 인해 어렵게 느껴질 수도 있지만, 수학적인 공식과 원리를 모두 이해할 필요는 없습니다. 수학 문제를 해결하기 위해 공식을 외우는 것보다 문제를 해결하는 힘을 기르는 게 중요한 점과 같은 원리에요. 중요한 것은 그저 읽고 넘어갈 수 있는, 당연하게 여겨지는 수학 공식을 이용해서 생각을 펼쳐나가는 방향성입니다. 모든 개념과 과정을 이해하려 하기보다는, 생각하는 공부의 방향성에 주목해서 읽어주시기 바랍니다.

2015 개정 수학과 교육과정에서는 '[10수학02-05] 점과 직선 사이의 거리를 구할 수 있다.', 2022 개정 수학과 교육과정에서는 '[10공수2-01-03] 점과 직선 사이의 거리를 구하고, 관련된 문제를 해결할 수 있다.'에 해당하는 내용입니다. 이 성취기준에 해당하는 단원에서는 '점과 직선 사이의 거리'를 배우는데요. 이 수학적 개념인 공식이 문제입니다.

점과 직선 사이의 거리
좌표평면 위의 점 $P(x_1,\ x_2)$와 직선 $ax+by+c=0$ 사이의 거리 d는

$$d = \frac{|\,ax_1+by_1+c\,|}{\sqrt{a^2+b^2}}$$

고등학교 수학 교과서에서는 물론 이 공식을 도입하기 위해 논리적으로 타당한 흐름의 증명을 제시하고 있어요.[165] 하지만 문제는 공식에서 '점과 직선 사이의 거리'를 직관적으로 이

해할 수 있는 의미가 전혀 드러나지 않죠. 분모의 $\sqrt{a^2+b^2}$ 은 피타고라스 정리의 결과처럼 보이기도 하지만 a, b는 각각 직선의 방정식에서의 x, y의 계수일 뿐이에요. 피타고라스 정리가 쓰였다면 밑변의 길이와 높이가 각각 a, b인 직각삼각형이 있어야 합니다. 분자는 직선 위에 있지 않은 점의 좌표를 그저 직선 방정식에 대입한 식으로, 그 의미를 파악하기 쉽지 않은 공식이죠.

물론 성취기준을 고려해보면 이 공식을 이용해 '점과 직선 사이의 거리'를 구하고, 관련 문제를 해결하기만 하면 됩니다. 하지만 그 의미가 이해되지 않는다고 해서 공식을 바로 외우고 문제만 풀면 단편적인 지식이 될 뿐이에요. 하지만 이 내용을 배우는 과목인 2022 개정 수학과 교육과정의 고등학교 과목 '공통수학2'의 목표에서는 공식의 암기나 문제의 풀이만을 요구하지 않아요. 문제해결에 관한 이 과목의 목표는 '수학적 지식을 이해하고 활용하여 적극적이고 자신감 있게 여러 가지 문제를 해결한다.'고 되어 있어요. 이해하지 못하는 개념을 단지 외웠는데, 과연 적극적이고 자신감 있게 문제를 해결할 수 있을까요?

이렇게 이 공식을 직관적으로 이해할 수 있는 숨겨진 의미를 탐구하기 시작합니다. 하지만 교과서에 나온 내용만으로는 그 숨겨진 의미를 이해하기 쉽지 않아요. 교과서 내용으로 이해되지 않았으니 시작된 탐구이기도 하고요. 그렇다면 교과서 외의 다른 정보를 탐색하는 과정이 필요합니다. 여러 자료를 찾아본 결과, 이 공식을 다룬 한 연구에서도 조사한 교과서 총 11종이 공통된 방식으로 증명하고 있다고 설명해요.[166] 이 논문에서도 공식을 증명하기 위해 함수의 그래프를 이용한 방법으로는 흥미를 이끌어내기 어렵고 수동적인 존재로 인식될 수밖에 없다고 분석했어요. 이 논문에서도 공식의 직관적인 의미가 드러나지 않는다고 했는데요. 해석학적인 증명은 가능하지만, 기하학적인 의미는 잘 드러나지 않는다고 하죠.

처음에 참고했던 교과서의 증명 방식은 주어진 점과 직선을 그래프로 그리고, 직선 위에 있지 않은 점에서 직선에 내린 수선을 이용하는 방법이에요. 이로부터 나온 두 식을 연립해서 구한 결과를 점과 점 사이의 거리 공식에 대입해서 얻어낸 방식이죠. 사실, 이 방식은 고등학교 수학 문제에 흔히 쓰이지만, 여러 문자와 기호가 나오기 때문에 정리하는 과정이 상당히 복잡해 보여요.

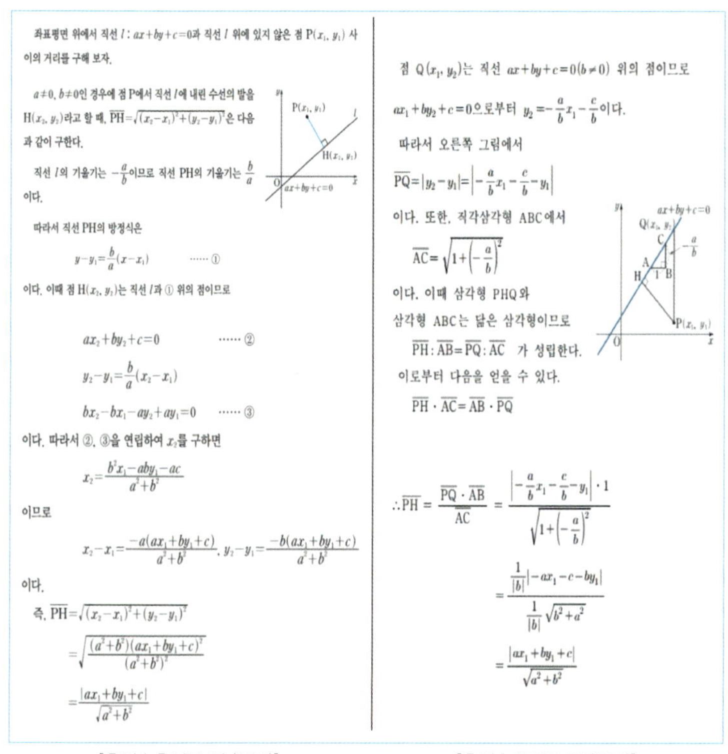

[출처 | 홍성복 외 (2015)]   [출처 | 우정호 외 (2012)]

그리고 이와 다른 방식으로, 닮은 직각삼각형을 이용해서 이 공식을 증명하는 교과서가 있습니다.[167] 이 방법에서는 수선만 이용하는 게 아니라, 활용하기 쉬운 닮은 직각삼각형을 이용하고 있어요. 특히 한 변의 길이를 로 두어 계산하기 쉽게 설정하기도 했죠. 이 방법이 더 낫다고 보이는 가장 큰 이유는 직각삼각형을 이용하니 분모가 피타고라스 정리의 의미를 갖게 되었다는 점이에요. 게다가 의미를 추론하기 어려웠던 분자는 닮음비를 이용한 증명 과정에서 나오는 삼각형의 높이에서 드러났죠.

이처럼 여러 자료를 참고하여 기존의 증명보다는 직관적인 방법으로 증명할 수 있었어요. 하지만 그런데도 여전히 공식의 의미는 이해하기 어려운 상황입니다. 좀 더 나아진 건 자료들을 참고해서 점과 직선 사이의 거리의 분자가 직각삼각형의 높이를 나타낼 수 있다는 사실을 알아낸 점이에요.

이번에는 알아낸 점을 바탕으로 어느 자료에도 나오지 않은 방식으로 공식을 새롭게 증명해보려고 합니다. 라이트형제가 비행기에 달기 위한 가벼운 엔진이 없어서 직접 만들어냈던 것처럼요. 무거운 자동차 엔진을 비행기에 달진 못했지만 작동하는 원리를 참고할 수 있었던 것과 비슷한 상황입니다.

먼저 문제를 분석하기 위해 주어진 점과 직선을 처음에 본 교과서에서처럼 좌표평면 위에 그립니다. 하지만 여기에서 새로운 방식을 도입하는데요. 주어진 점을 원점으로 평행이동시키는 방식입니다. 마찬가지로 원래의 직선도 같은 벡터만큼 평행이동하면 x축과 y축, 평행이동된 직선으로 둘러싸인 직각삼각형이 나타나죠. 평행이동된 직선의 식을 구하면 자연스레 x절편과 y절편도 구할 수 있는데 이게 직각삼각형의 밑변의 길이와 높이가 됩니다. 이때 각 선분의 길이의 분자가 구하려

는 공식의 분자와 일치하게 되고, 두 길이의 분모는 각각 $|a|$, $|b|$입니다. 이 두 절댓값을 이용해서 피타고라스 정리를 사용하면 구하려는 공식의 분모도 얻어낼 수 있죠. 그리고 이후, 그려진 직각삼각형 그림에서 밑변의 길이와 높이를 찾을 수 있는 두 경우를 이용해 넓이를 구합니다. 두 식을 연립해서 정리하면 문제의 공식이 나타나게 되죠. 이 증명 방법을 이용하면 '점과 직선 사이의 거리'가 그래프에서 갖는 기하학적인 의미가 '주어진 점과 직선을 이용해 만들 수 있는 직각삼각형의 빗변을 밑변으로 할 때의 높이'라는 사실을 도출할 수 있습니다.

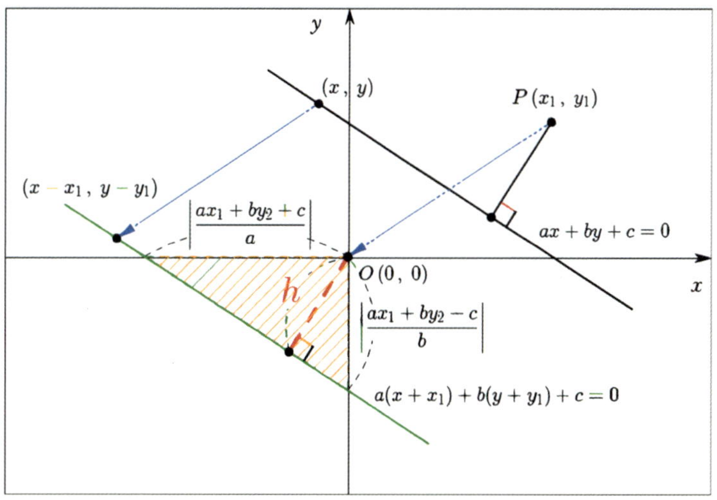

교육과정에 제시된 이 단원의 핵심 아이디어는 "평면도형을

식으로 표현하는 것은 도형 사이의 위치 관계와 도형의 이동
에 관한 탐구의 유용한 도구가 된다."입니다. 공식의 의미를
이해하지 못했던 기존에는 어떠한 탐구도 일어날 수 없었죠.
하지만 점과 직선 사이의 위치 관계와 평행이동을 이용한 탐
구를 통해 유용한 결과를 얻어낼 수 있었어요. 이러한 과정에
서 단편적인 지식이었던 공식은 의미를 갖고, 탐구를 통해 많
은 역량을 기를 수 있어요.

2022 개정 수학과 교육과정의 핵심역량은 '문제해결 역량,
추론 역량, 의사소통 역량, 연결 역량, 정보처리 역량'입니다.
탐구를 통해 학생들은 스스로 제시한 문제를 해결하고, 증명
하는 과정에서 공식이 의미하는 바를 추론합니다. 수학적 용
어와 기호, 그래프 등의 수학적 표현을 사용해 의사소통을 하
죠. 기존에 관련이 없어 보였던 개념인 피타고라스 정리와 평
행이동 등의 개념을 유기적으로 연결하여 새로운 지식을 생성
하며 창의성을 기를 수도 있습니다. 교과서에 제시되지 않은
정보를 탐색하고 수학적으로 처리하기도 하죠. 이 과정에서
수학과 핵심역량 5가지가 모두 함양될 수 있습니다.

생각하는 공부는 어렵습니다. 하지만 공부하며 충분히 생각
하지 않는다면 함양되는 역량도 한정적일 거에요. 많은 일자
리가 사라지고, 또 새로운 일자리가 생겨날 시대가 다가옵니
다. 다른 사람들이 비행기와 우주선을 탈 때, 혼자 아날로그를

고집하며 자전거를 겨우 타서는 안 되겠죠. 많은 학생이 다가오는 시대를 대비하기 위해 창의성을 겸비한, 미래 지향적인 인재가 되기를 바랍니다.

1) Swinburne University of Technology (2021.10.13.). How the hyper-violent Squid Game has crept into digital content targeting young children.

2) Jeremy (2021.11.4.). 오징어 게임과 어린이 시청. Jeremyletter.

3) Yavuz Akyıldız (2022). The Brutal Face of the Violent Game of the Capitalist Competition | Squid Game. SineFilozofi Dergisi. 7(14), 279-295.

4) World Bank Group (2025.5.20.). The Global Fascination with the Hit Netflix Series Squid Game and the Origins of its Traditional Games.

5) Zoltán Pál Dienes (1967). Building up mathematics. Hutchinson Educational

6) IMARC (2024.4.19.). South Korea Toys Market

Report by Product Type (Action Figures, Building Sets, Dolls, Games and Puzzles, Sports and Outdoor Toys, Plush, and Others), Age Group (Up to 5 Years, 5 to 10 Years, Above 10 Years), Sales Channel (Supermarkets and Hypermarkets, Specialty Stores, Department Stores, Online Stores, and Others), and Region 2025−2033. IMARC.

7) Carly Dauch, Michelle Imwalle, Brooke Ocasio, Alexia E. Metz (2018). The influence of the number of toys in the environment on toddlers' play. Infant Behavior and Development. 50, 78−87.

8) Courtney E. Venker, Jennifer R. Johnson (2022). Electronic Toys Decrease the Quantity and Lexical Diversity of Spoken Language Produced by Children With Autism Spectrum Disorder and Age−Matched Children With Typical Development. Frontiers in Psychology. 13(2022), Article 929589.

9) 이동한 (2025.4.1.). 노키즈존 인식조사−노매너존과 케어키즈존으로 본 갈등 해결방안, 〈한국리서치〉

10) Teleprompter.com team (2025.6.27.). Video Marketing Statistics and Trends in 2015. Insivia.

11) Francesco Chiossi, Luke Haliburton, Changkun Ou, Andreas Butz, Albrecht Schmidt (2023). Short-Form Videos Degrade Our Capacity to Retain Intentions | Effect of Context Switching On Prospective Memory. Proceedings of the 2023 CHI Conference on Human Factors in Computing Systems.

12) Francesco Chiossi, Luke Haliburton, Changkun Ou, Andreas Butz, Albrecht Schmidt (2023). Short-Form Videos Degrade Our Capacity to Retain Intentions | Effect of Context Switching On Prospective Memory. Proceedings of the 2023 CHI Conference on Human Factors in Computing Systems.

13) Qiong Gong, Ting Tao (2024). The relationship between short video usage and academic achievement among elementary school students | The mediating effect of attention and the moderating effect of parental short video usage. PLOS ONE. 19(11). Article e0309899.

14) Haiti-Syllabus Alisa Sadist (2024). Impact of

Short Reels on Attention Span and Academic Performance of Undergraduate Students. Eurasian Journal of Applied Linguistics. 10(3), 60-68.

15) 이병문 (2023.9.5.). 먹는 순서만 바꿔도 당뇨 걱정 확 줄어든다, 〈매일경제〉

16) 육성연 (2024.1.1.). '혈당 스파이크' 간식이 유행? 위험한 MZ 간식, 〈해럴드경제〉

17) OECD (2019). OECD Future of Education and Skills 2030.

18) 교육부 (2022). 2022 개정 교육과정. 교육부 고시 제2022-33호.

19) 이광호 (2016.3.13.). [인간 vs AI] 이세돌의 감격 첫 승, 현장은 감동의 도가니, 〈뉴스1〉

20) 한진주 (수정 2016.3.14.). [알파고 vs 이세돌] 왜 우리는 이세돌 1승에 환호했나, 〈아시아경제〉

21) 김현철 (2025.7.23.). 챗GPT, 하루에 받는 요청 25억 건…구글 검색과 격차 좁힌다, 〈글로벌이코노믹〉

22) 김응열 (수정 2025.7.8.). 대학가 'AI 과제 전쟁'…"자필로 쓰라", GPT 판별기까지 등장, 〈이데일리〉

23) 박상길 (2025). 비전공자도 이해할 수 있는 챗GPT. 비
즈니스북스.

24) 송고 (2025.7.26.). "오픈AI, 차세대 AI 모델 GPT-5
이르면 내달 출시", 〈연합뉴스〉

25) 정한영 (2025.8.8.). "AGI로 가는 중요한 이정표"...오
픈AI 'GPT-5' 공개, '박사급, 역사상 가장 진보된 차세
대 인공지능 모델', 〈인공지능신문〉

26) 김진중 (2024). 개념 이해로 시작하기 좋은 최고의 프롬
프트 엔지니어링 강의. 리코멘드.

27) 신지민 (수정 2025.7.26.). "취업이 제일 고민이야" 특
별한 친구에게 말했더니, 〈파이낸셜뉴스〉

28) 유지희 (수정 2025.7.26.). 챗GPT에 은밀한 고민 털어
놨다가 '흠칫' 놀란 이유 [트렌드+], 〈한국경제〉

29) Josh Freeman (2025). Student Generative AI
Survey 2025. HEPI (Higher Education Policy
Institute).

30) Nataliya Kosmyna, Eugene Hauptmann, Ye
Tong Yuan, Jessica Situ, Xian-Hao Liao, Ashly
Vivian Beresnitzky, Iris Braunstein, Pattie Maes
(2025). Your Brain on ChatGPT | Accumulation

of Cognitive Debt when Using an AI Assistant for Essay Writing Task. arXiv |2506.08872.

31) The Telegraph (2011.3.3.). Stephen Wiltshire the human camera | autistic artist draws city skylines from memory.

32) Charan Singh, Parth S. Meena, Mahendra Jain, Premprakash, Rupendra Sharma, Neelam Nainwani (2024). "Autistic savant" | A rare case report. Journal of Dr. YSR University of Health Sciences. 13(3), 282−284.

33) Darold A. Treffert (2009). The savant syndrome | an extraordinary condition. A synopsis | past, present, future. Philosophical Transactions of the Royal Society B. 364(1522), 1351−1357.

34) Corinne Purtill (2022). The New Science of Forgetting. Time.

35) Marco Costanzi, Beatrice Cianfanelli, Alessandro Santirocchi, Stefano Lasaponara, Pietro Spataro, Clelia Rossi−Arnaud, Vincenzo Cestari (2021). Forgetting Unwanted Memories | Active

Forgetting and Implications for the Development of Psychological Disorders. Journal of Personalized Medicine. 11(4), Article 241.

36) 김영희 (2023.8.16.). '인간은 뇌의 10%만 사용한다'는 속설은 사실일까, 〈테크큐브〉

37) 신명희, 강 소연, 김은경, 김정민, 조원경 (2023). 교육심리학. 학지사.

38) Hermann Ebbinghaus (1885). Über das Gedächtnis | Untersuchungen zur experimentellen Psychologie. Duncker & Humblot.

39) Jaap M. J. Murre, Joeri Dros (2015). Replication and Analysis of Ebbinghaus' Forgetting Curve. PLOS ONE. 10(7), Article e0120644.

40) 강성태 (2025.6.20.). 수행평가 제도 전면 재검토에 관한 청원. 국회전자청원.

41) 노컷뉴스 (수정 2025.7.7.). 강성태 "어른들은 주4일제, 아이들은 수행지옥?" 〈nate 뉴스〉

42) 교육부 (2025.7.2.). 중학교·고등학교, 2학기부터 과도한 수행평가 부담 해소한다. 교육부 보도자료.

43) 대통령자문 교육개혁위원회 (1995.5.31.). 세계화·정보

화 시대를 주도하는 신(新)교육체제 수립을 위한 교육개
혁 방안. 제2차 대통령 보고서.

44) 백순근 (1996). 수행평가의 이론과 실제. 대한교과서.

45) 교육부 (1999). 2002학년도 대학입학제도 개선 안내 자
료집. 교육부 홍보자료.

46) 교육부 (2015). 2015 개정 교육과정. 교육부 고시 제
2015-74호.

47) 한국교육과정평가원 (2025). 2022 개정 교육과정에 따
른 고등학교 학생평가 톺아보기. 교육부 연구자료 ORM
2024-158-3.

48) 교육부 (2019.11.28.). 교육부, 대입제도 공정성 강화
방안 발표. 교육부 보도자료.

49) 경희대학교 입학처 입학 전형연구센터 (2022.2.18.).
「2021년 건국대·경희대·연세대·중앙대·한국외대 공동연
구」학생부종합전형 공통 평가요소 및 평가항목.

50) 교육부 (2023.12.27.). 2028 입시부터 국어.수학.사
회.과학 선택과목 없는 통합형 수능, 내신 5등급 체제
확정. 교육부 보도자료.

51) 교육인적자원부 (2007). 2007 개정 교육과정. 교육인적

자원부 고시 제2007-79호.

52) 교육과학기술부 (2009). 2009 개정 교육과정. 교육과학기술부 고시 제2009-41호.

53) 이우연 (수정 2025.1.20.) '논·서술형 수능' 논의하는 국교위…"국민참여위원 60%가 찬성", 〈한겨레〉

54) 김형욱 (수정 2025.1.21.). 임태희 경기도교육감 "2032학년도 수능부터 절대평가 도입", 〈경인일보〉

55) 국가교육위원회 (2025.5.30.). 국가교육위원회 제53차 회의. 국가교육위원회.

56) 국가교육위원회 (2025.7.18.). 국가교육위원회 제57차 회의. 국가교육위원회.

57) 서울특별시교육청 (2024.12.23.). 2025학년도 중등 학생평가 내실화 계획. 서울특별시교육청.

58) 경기도교육청 (2025.2.17.). 2025학년도 경기도 중·고등학교 학업 성적관리 시행지침 및 이해하기 도움 자료. 경기도교육청.

59) 제주특별자치도교육청 (2025.3.7.). 2025학년도 학업 성적관리 시행지침(중학교,고등학교). 제주특별자치도교육청.

60) 황정근 (2025.7.2.). 데이터로 보는 사교육. Data&Law, 31.

61) 통계청 (2025.3.13.). 2024년 초중고사교육비조사 결과. 통계청.

62) 통계청 (수정 2025.7.29.). 주요지표(연간지표) (년 1953~2024). 한국은행 「국민계정」.

63) 교육부 (2023.12.21.). 교육부 2024년 예산 및 기금 95조 7,888억원 확정. 교육부 보도자료.

64) 김대영 (수정 2021.11.3.). '1타 강사' 정승제, 연봉 400억 공개했다가 곤혹…"후회스럽다", 〈한국경제〉

65) 연세대학교 사회발전연구소 (2016). 한국 어린이·청소년 행복지수-국제비교연구 조사결과 보고서. 한국방정환재단.

66) 이봉주 (2023.11.21.). The Well-being of South Korean Students in a Context of High Academic Pressure. CNESCO.

67) OECD (2023.12.5.). PISA 2022 Results (Volume II).

68) 서울대학교 (2024.4.30.). (수정)2026학년도 대학 신입학생 입학전형 시행계획. 서울대학교.

69) 서울대학교 (2025.5.29.). (수정)2026학년도 대학 신입 학생 수시모집 안내. 서울대학교.

70) 교육부 (2025.2.11.). 2025학년도 학교생활기록부 기재 요령(초·중·고) 안내. 교육부.

71) 유주연 (수정 2024.11.11.). "나쁜 내신 만회하려 고?"…자퇴 후 검정고시 10대 역대 최다, 〈매일경제〉

72) 이후연 (2023.12.26.). 내신 1.8등급인데 자퇴…검정고 시 치르는 10대 늘어난다 [입시에 뒤틀리는 학교], 〈중 앙일보〉

73) 안종규 (2025.2.2.). 올해 N수생 25년 만에 20만명 돌 파하나, 〈경상매일신문〉

74) Frederick J. Kelly (1916). The Kansas Silent Reading Tests. The Journal of Educational Psychology. 7(2), 63−80.

75) Cathy N. Davidson (2011.9.23.). Standardized tests for everyone? In the Internet age, that's the wrong answer. The Washington Post.

76) Hee Jun Choi, Ji−Hye Park (2013). Historical Analysis of the Policy on the College Entrance System in South Korea. International Journal of

Education and Learning. 6(11), 1-12.

77) 이인열 (2009.12.10.). [대한민국 제1호] 국가 단위 대입 자격시험, 1954년 첫 도입, 〈조선일보〉

78) 대한민국 정책브리핑 (2007.9.18.). "좋은 일 해주고도 욕만 먹는 시험". 대한민국 정책브리핑.

79) 교육부 (2025.4.15.). 2028학년도 대입, 이렇게 준비하세요. 교육부 보도자료.

80) 최민지, 서지원, 이수민, 박종서 (2024.11.14.). 올해 수능, '불 난이도' 벗어났다…출제위 "준킬러도 걸렸다", 〈중앙일보〉

81) 민경찬 (1999). 2022학년도 대학입학전형의 이해. 대학교육. 100, 100-109.

82) Paul Kline (2000). The Handbook of Psychological Testing (2nd Edition). Routledge.

83) 교육부 (2024.12.5.). 2025학년도 대학수학능력시험 채점 결과. 교육부 보도자료.

84) James R. Flynn (1984). The Mean IQ of Americans | Massive Gains 1932 to 1978. Psychological Bulletin. 95, 29-51.

85) 전재학 (2024.12.17.). [전재학 칼럼] 널뛰는 수능의 난

이도, 언제까지 지속할 것인가?, 〈교육플러스〉

86) 이창훈 (수정 2024.11.18.). "정답이 이상해요" 수능 이후에도 불만 폭발한 이 문제, 〈파이낸셜뉴스〉

87) 김성진 (2025.1.13.). 20년 넘은 '메이플스토리' PC방 2위까지 재반등 이유는?, 〈THE ELEC〉

88) Louis Ashworth (2023.9.19.). A deep-ish dive into Pokémonomics, 〈Financial Times〉

89) 한국경제 (2024.3.25.). [2025학년도 대입 전략] 학생부교과·종합, 논술전형 수능최저〈53.8%〉 적용 늘어… 연세·고려·성균관·경희·이화 등 논술 100으로 선발. 생글생글 841호.

90) 진학사 (2025.7.15.). 2026학년도 44개 대학 논술 일정 총정리.

91) 원형민 (2025.4.30.). [그래픽] 대입 수시·정시 모집 인원 추이, 〈연합뉴스〉

92) 교육부 (2024.5.2.). 2026학년도 대학입학전형시행계획 발표. 교육부 보도자료.

93) 문유숙 (2025.8.2.). [2026학년도 대입 주요변화 및 전략] 올해 최근 5년간 수시 선발비율 79.9%로 가장 높은 이유, 〈U's Line〉

94) 문희철 (2020.7.4.). 민사고 들어가려면 꼭 거쳐야한
다…학교 앞 우유공장 숨은 뜻, 〈중앙일보〉

95) 최명재 (2004). 20년 후 너희들이 말하라. 아침나라.

96) 나명옥 (2024.12.5.). 롯데웰푸드, '파스퇴르' 새단장…
'우유 기반 영양' 브랜드로 육성, 〈식품저널〉

97) 이상재 (2025.4.4.). '최명재 유산'에 주목하는 이유, 〈
중앙일보〉

98) 이상현 (수정 2025.4.25.). [단독] 2025해외대 합격 민
사 198명 '최다'.. 외대부 청심 경기외 대원외 톱5, 〈베
리타스〉

99) K. Anders Ericsson, Ralf Th. Krampe, Clemens
Tesch-Romer (1993). The Role of Deliberate
Practice in the Acquisition of Expert Performance.
Psychological Review. 100(3), 363-406.

100) Malcom Gladwell (2009). Outliers | The Story of
Success. Little, Brown and Company.

101) K. Anders Ericsson, Robert Pool (2016). Peak
| Secrets from the New Science of Expertise.
Houghton Mifflin Harcourt.

102) 연합뉴스 (2025.7.13.). 역시 '축구의 신'…메시, 5경기

연속 멀티골로 또 MLS 신기록. 〈KBS 뉴스〉

103) 정인선 (수정 2023.10.31.). ‘축구의 신’ 메시 8번째 발롱도르…역대 최다·비유럽 리그 최초, 〈한겨레〉

104) 김정현 (2024.10.3.). 메시 초대박! 46번째 트로피 들었다…꼴찌팀서 '역대 최다 우승' 기록 경신→인터 마이애미, MLS '서포터스 실드' 정상, 〈nate 스포츠〉

105) Aniv (2013.1.1.). Lionel Messi Interview (Part One). World Soccer.

106) Telegrafi (2019). Messi dhe historia e festimit të golave të tij - Argjentinasi të gjithë golat ia dedikon gjyshes Celia, e cila ia dha shansin të bëhet futbollist. Telegrafi.

107) 김정유 (수정 2024.5.18.). 메시·바르셀로나 ‘냅킨 계약서’ 팔렸다…가격은 얼마?, 〈이데일리〉

108) Simon Burnton (2010.4.20.). Childhood move to Barcelona was medicine for Lionel Messi, 〈The Guardian〉

109) Balma (2025.4.2.). What it is like to play with Messi − former teammates recall their experiences. All Football App.

110) History (2009.11.9.). Thomas Edison | Facts, House & Inventions, 〈History〉

111) Matthew Josephson (1959). Edison | A Biography. John Wiley & Sons.

112) Sebastian Thrun, Michael Montemerlo, Hendrik Dahlkamp, David Stavens, Andrei Aron, James Diebel, Philip Fong, John Gale, Morgan Halpenny, Gabriel Hoffmann, Kenny Lau, Celia Oakley, Mark Palatucci, Vaughan Pratt, Pascal Stang, Sven Strohband, Cedric Dupont, Lars—Erik Jendrossek, Christian Koelen, Charles Markey, Carlo Rummel, Joe van Niekerk, Eric Jensen, Philippe Alessandrini, Gary Bradski, Bob Davies, Scott Ettinger, Adrian Kaehler, Ara Nefian, Pamela Mahoney (2006). Stanley | The Robot That Won the DARPA Grand Challenge. Journal of Field Robotics. 23(9), 661—692.

113) 박상길 (2024). 비전공자도 이해할 수 있는 AI 지식(10만부 기념 개정판). 비즈니스북스.

114) 김용원 (2025.5.15.). 구글 웨이모 로보택시 미국에서 대규모 리콜, 충돌사고 발생해 후속조치, 〈Business

Post〉

115) 요한 볼프강 폰 괴테(Johann Wolfgang von Goethe) (2024). 파우스트(명화 수록 무삭제 완역본) (안인희 역). 현대지성.

116) 토머스 불핀치(Thomas Bulfinch) (2022). 그리스 로마 신화 (손길영 역). 스타북스.

117) Maghreb Magazine (수정 2023.5.31.). The oldest known free-flight attempt in history. Maghreb Magazine.

118) Howard S. Wolko (1987). The Wright Flyer. National Air and Space Museum.

119) Naughton Russell (2002.1.30.). Sir George Cayley Bt. (1773-1857). MONASH University.

120)Nick Engler (2017.2.18.). The Flights and Fights Involving the Langley Aerodrome. Wright Brothers Museum.

121) 서진영 (2013). 자전거 팔던 라이트 형제가 大과학자 제치고 동력비행 성공한 이유는?. Essential Cases in Books. 128(1).

122) Aviation Week (2003.6.18.). All-Time Top 100

Stars of Aerospace and Aviation Announced. Aviation Week.

123) Stuart R. Lockhart 305 AMW/HO (2022.8.11.). Editorial | The Rise of the U.S. Air Power, 1903-1941 | The Wright Brothers, World War I and Interwar Innovation. Joint Base McGuire-Dix-Lakehurst.

124) Kenneth Bourne (2015.5.7.). Military Developments of World War I. 1914-1918 Online Encyclopedia.

125) Time (2017.10.3.). Read TIME's Original Report on the Sputnik 1 Launch. Time.

126) John Uri (2023.7.26.). 65 Years Ago | The National Aeronautics and Space Act of 1958 Creates NASA. NASA.

127) Howard Gardner, Thomas Hatch (1989). Multiple Intelligences Go to School | Educational Implications of the Theory of Multiple Intelligences. Educational Researcher. 18(8), 4-10.

128) Howard Gardner (1999). Intelligence Reframed |

Multiple Intelligences for the 21st Century. Basic Books.

129) Course Hero (2021.3.25.). Frames of Mind | The Theory of Multiple Intelligences Quotes | Study Guide. Course Hero.

130) 세종문화회관 미술관. (2017.7.17.). 그림의 마술사 에셔 특별전 도록. 세종문화회관 미술관.

131) 선담은 (2025.4.2.). '지브리풍' 인기 업고 챗GPT 이용자 5억 돌파…석달 만에 30%↑, 〈한겨레〉

132) 심희정 (2025.4.3.). '지브리' 열풍에 챗GPT 가입자 5억명 넘었다, 〈국민일보〉

133) 이직 (2025.3.27.). 챗GPT-4o, 이미지 생성 기능 업데이트… 향상된 텍스트 표현력 추가, 〈베타뉴스〉

134) 이가영 (2025.4.3.). '원피스' 日 애니 감독, 챗GPT 지브리풍 이미지에 "용서 못 해" 분노, 〈조선일보〉

135) Peter Fobian (2015.8.16.). FEATURE | Monthly Mangaka Spotlight 2 | Hiro Mashima. Crunchyroll.

136) 방제일 (2025.4.2.). 지브리처럼 바꿔달라 했더니 "위배" "제약"…챗GPT에 무슨 일?, 〈아시아경제〉

137) 박상길 (2025). 비전공자도 이해할 수 있는 챗GPT. 비즈니스북스.

138) 김도형 (2023.2.23.). "세종대왕 맥북 던짐 사건 알려줘" 물었더니… 챗GPT의 엉뚱 답변 '밈'으로 유행 중, 〈한국일보〉

139) 류청희 (2025.4.22.). "이 사진에 뱀 있어?" 물었더니…챗GPT 소름 돋는 답변, 〈YTN〉

140) 우리역사넷. 한산도해전 '일본의 수륙병진 전략을 무력화하여 전쟁의 판세를 뒤엎다'. 국사편찬위원회.

141) 해외스타 (2004.2.15.). 역사속 실존했던 야생아 스토리, 〈일요신문〉

142) Charlotte Moore (2020.6.29.). We can guess a few things about what your baby's first words will be! Babies And Language.

143) Abraham H. Maslow (1943). A Theory of Human Motivation. Psychological Review. 50(4), 370-396.

144) Hartwig R. Siebner, Claus Limmer, Alexander Peinemann, Alexander Drzezga, Bastiaan R. Bloem, Markus Schwaiger, Bastian Conrad (2002). Long-Term Consequences

of Switching Handedness | A Positron Emission Tomography Study on Handwriting in "Converted" Left-Handers. Journal of Neuroscience. 22(7), 2816-2825.

145) 교육부 (2022). 2022 개정 교육과정 총론 해설. 교육부 고시 제2022-33호.

146) Eleanor Rosch. (1999). What are concepts? Contemporary Psychology, 44(5), 416-417.

147) Carla Marschall, Rachel French (2021). 개념 기반 탐구학습의 실천. 학지사.

148) 장한이 (2025.7.15.). "나 빼고 다 잤다"는 고2 딸의 하소연, "수업 들어줘서 고맙다"는 교사, 〈오마이뉴스〉

149) 곽규현 (2025.7.23.). 사교육 위한 '체력 회복소'로 전락한 학교, 상황이 심각합니다, 〈오마이뉴스〉

150) 황종일 (2024.8.21.). [리딩엠의 독서논술] 서술형·논술형 글쓰기의 교육적 효과는?, 〈조선에듀〉

151) 김창수 (2025). AI 커머스 쇼핑 전쟁. 베가북스.

152) 오상일, 이수민, 이하민, 장수정, (2025.2.10.). Bok 이슈노트-AI와 한국경제. 한국은행.

153) 에너지경제신문 (2025.3.31.). [AI 新경제] AI로 대체

가능한 일자리 327만개가 위험하다, 〈에너지경제〉

154) 강다은 (2025.7.25.). 올트먼 "내가 쓸모없다고 느꼈다"…오픈AI, 더 똑똑해진 'GPT-5' 내달 출시, 〈조선일보〉

155 김현철 (2025.7.30.). 샘 올트먼 GPT-5 테스트에 '두려움' 언급…"핵폭탄 개발 같았다", 〈글로벌이코노믹〉

156) John R. Kirby (2007). Reading Comprehension | Its Nature and Development. Encyclopedia of Language and Literacy Development.

157) Reese Butterfuss, Jasmine Kim, Panayiota Kendeou (2020). Reading Comprehension. Oxford Research Encyclopedia of Education.

158) William S. Gray (1956). The Teaching of Reading and Writing | An International Survey. UNESCO.

159) 교육부 (2022.5.25.). 우리 아이 문해력 키우는 방법은? 대한민국 정책브리핑.

160) 교육부 (2024). 제4차 학교도서관진흥기본계획 (2024~2028). 교육부.

161) 고용노동부 (2024.12.10.). 경제협력개발기구(OECD) 국제성인역량조사(PIAAC) 2주기 주요 결과 발표. 고용

노동부 보도자료.

162) 이주은 (2026.8.19.). [이주은의 미술관에 갔어요] 주머니 털어 산 13대의 '바보상자'로 거장이 되다. 프리미엄조선 '신문은 선생님' 페이지.

163) Nava Nourdad, Rasoul Asghari (2017). The Effect of Reflective Reading on Reading Comprehension of Iranian EFL Learners. International Journal of Applied Linguistics and English Literature. 6(6), 267-273.

164) NIE 한국위원회 (2010). 신문활용교육의 이해와 실천. 한국신문협회.

165) 홍성복, 이중권, 신태교, 이채형, 이병하, 신용우, 전형숙, 김형균, 권백일, 최원숙, 고인우 (2018). 고등학교 수학 교과서. 지학사.

166) 손미희 (2013). Java Applet을 이용한 점과 직선 사이의 거리에 관한 지도방법 연구. 한양대학교 교육대학원 석사학위논문.

167) 우정호, 박교식, 박경미, 이경화, 김남희, 임재훈, 신보미, 최인선, 박인, 지은정 (2012). 고등학교 수학 교과서. 두산동아.